Ziyuanxing Chengshi
Xunhuan Jingji Fazhan Lujing Yanjiu

资源型城市
循环经济发展路径研究

——基于机制、模式与评价角度

窦睿音 著

中国财经出版传媒集团

经济科学出版社

Economic Science Press

图书在版编目（CIP）数据

资源型城市循环经济发展路径研究：基于机制、模式与评价角度/窦睿音著 . —北京：经济科学出版社，2020. 4
ISBN 978 - 7 - 5218 - 1432 - 3

Ⅰ . ①资…　Ⅱ . ①窦…　Ⅲ . ①城市经济 - 循环经济 - 经济发展 - 研究 - 中国　Ⅳ . ①F299. 21

中国版本图书馆 CIP 数据核字（2020）第 050956 号

责任编辑：周秀霞
责任校对：隗立娜
责任印制：李　鹏

资源型城市循环经济发展路径研究
——基于机制、模式与评价角度
窦睿音　著
经济科学出版社出版、发行　新华书店经销
社址：北京市海淀区阜成路甲 28 号　邮编：100142
总编部电话：010 - 88191217　发行部电话：010 - 88191522
网址：www. esp. com. cn
电子邮箱：esp@ esp. com. cn
天猫网店：经济科学出版社旗舰店
网址：http：//jjkxcbs. tmall. com
北京季蜂印刷有限公司印装
710×1000　16 开　16. 75 印张　240000 字
2020 年 5 月第 1 版　2020 年 5 月第 1 次印刷
ISBN 978 - 7 - 5218 - 1432 - 3　定价：58. 00 元
（图书出现印装问题，本社负责调换。电话：010 - 88191510）
（版权所有　侵权必究　打击盗版　举报热线：010 - 88191661
QQ：2242791300　营销中心电话：010 - 88191537
电子邮箱：dbts@ esp. com. cn）

前　言

　　基于资源型城市因资源开发而兴，因资源枯竭而困的"宿命"，又因现实中资源型城市经济增长动力不足、资源约束加剧、生态环境破坏严重、贫富差距扩大等经济、资源、环境和社会发展矛盾愈发突出的实际情况，资源型城市转型迫在眉睫。作为一种全新的发展模式，循环经济以生态经济为理论基础，以"减量化""再利用""资源化"为原则，将社会经济活动按照自然生态规律进行重新调整组合，在城市发展过程中构成"原生资源—生产—消费—再生资源—再生产品"的物质闭合流动圈，从而实现经济利益最大化、资源利用最小化、环境影响最弱化的发展目标。发展循环经济对解决资源型城市发展中遇到的不可持续问题是一种现实选择。因而对资源型城市的循环经济发展进行系统研究，探索不同类型资源型城市的转型路径，对提升中国可持续发展能力意义重大。

　　本书在对资源型城市的现状、存在的问题和发展的制约因素分析基础上，构建了 ERES 分析框架，由此确定了资源型城市的转型目标和方向，指出发展循环经济的必然性。之后，研究了资源型城市的循环经济发展机制，包括驱动机制、运行机制、反馈机制和调控机制，并以此为基础，根据各类资源型城市的实际发展特点设计其循环经济发展模式。

最后，研究了资源型城市的循环经济评价指标体系，对当前资源型城市的循环经济发展状况进行实际评价，根据评价结果，就资源型城市的循环经济发展提出相应的对策建议。本书认为：

（1）资源型城市的发展框架是由经济、资源、环境和社会四个子系统共同组成的 ERES 系统；目前资源型城市普遍面临着沉淀成本大、资本缺乏、体制僵化、生态环境破坏严重、城市化建设落后和社会负担沉重等转型制约因素；基于 ERES 系统转型目标，必须推进资源型城市的经济市场化、产业生态化、去自然资源化、环境友好化、城市紧凑化，并在多目标转型的基础上推进循环经济。

（2）资源型城市循环经济的驱动主体与调控主体是政府、市场和社会公众，运行载体是循环产业网络和循环社区网络；驱动机制构建了"爬坡受力模型"，资源型城市发展循环经济受到来自动力和阻力共同的力；动力与阻力的合力决定了循环经济的运行方向，循环经济的正向运行会保证物质在循环产业网络和循环社区网络的闭合流动，从而解释了循环经济的运行机理；反馈机制通过在循环经济不同经济主体之间的作用，实现驱动机制、运行机制和调控机制的协调发展；调控主体通过信息在不同经济主体之间的反馈，及时对城市循环经济运行状况进行调控。

（3）资源型城市的循环经济发展模式由"三个模块""四个系统""一套资源循环产业网络"协同构成。"三个模块"是指政府、循环产业网络和循环社区网络；"四个系统"是指经济系统、资源系统、环境系统和社会系统；"一套资源循环产业网络"是指由城市依赖的资源产业所延伸出的资源循环产业网络。从而形成以"一套资源循环产业网络"为基础，以政府、循环产业网络和循环社区网络为发展主体，最终通过"三个模块"的耦合，实现"四个系统"的协调发展。

（4）在 ERES 发展框架下，研究了资源型城市的循环经济评价指标体系。并根据不同类型的资源型城市的特性，对其中的部分指标进行调整。此后又对六种类型的资源型城市循环经济发展进行了评价。结果显示各类资源型城市的循环经济发展呈好转趋势，但在 2011～2014 年出现了停滞或下滑的现象。基于评价结果，提出对策建议。

（5）针对资源型城市的共性问题：加强资源产业集群的开发，构建产业网络，扩大城市经济的范围与规模；加强资源产业与四次产业的融合，提高产业的科技化水平，增加产品的经济效益；加强零次产业和四次产业融合，提高废旧资源与能源使用率，促进节能减排技术和清洁生产技术的研发和使用；加强保障与监管机制建设，扶持与监督并行，促进城市不同经济主体的循环经济发展。

针对资源型城市的特殊性，循环经济发展仍有侧重点：煤炭型城市需要加大科研与环境保护的财政支出，用于产业科技化以及环境保护的发展；油气型城市需要培养第三产业的信息化与科技化水平，同时提升工业固废综合利用率；钢铁型城市需要依托钢铁精深加工产业引导新兴替代产业发展，此外，提高废旧钢铁以及共、伴生矿回收使用率，同时降低工业"三废"的产生和排放；金属型城市在提高金属产业科技化水平的同时，需要加强工业废水的回收利用体系建设；非金属型城市需要着重提高工业"三废"的再利用率，同时吸引民间资本对环境系统的建设与监管，从而降低政府环境管理成本；森工型城市需要搭建森林产业网络，引导废弃物回收体系与市政建设的融合，同时促进企业对废气和废水处理工艺的节能减排转型。

目　　录

第 1 章

绪　　论

1.1　研究背景

1.1.1　选题由来

资源型城市作为经济发展与资源开发利用关系最为敏感的地区，其可持续发展一直都是政府与各界学者研究关注的重点领域。资源型城市在兴建初期往往为当地经济做出过巨大贡献，但是在发展到一定阶段后，纷纷出现了经济停滞不前、生态环境恶化、社会矛盾突出等问题，严重违背了可持续发展的目标。无论是发达国家的日本北九州、法国洛林、德国鲁尔、英国伯明翰等，还是中国这类发展中国家的乌海、阜新、大兴安岭等城市，均没有逃出"矿竭城衰"，甚至"矿未竭城已衰"的厄运，"资源诅咒"① 现象在世界各地的资源型城市不断重演。

---

① 资源诅咒是一个经济学的理论，多指与矿业资源相关的经济社会问题。丰富的自然资源可能牵绊资源型地区的经济发展，大多数自然资源丰富的国家比那些资源稀缺的国家增长更缓慢。经济学家将原因归结为贸易条件的恶化，造成这种现象的原因是由于资源型地区在经济产业发展过程中，生产要素的投入更多依赖于某种相对丰富的资源，从而忽视了其他产业的平衡发展。

早在 20 世纪 30 年代，加拿大著名经济史学家伊内斯（Innis，1937）在对加拿大木材、矿产和化石燃料等资源贸易历史的研究中对于资源型城市进行了开创性研究。但直到 50 年代后期，资源型城市所呈现出来的经济、环境、社会问题才真正得到足够的重视和思考。50 年代末，西方发达国家的资源型工业基地多以煤炭等化石燃料为依托，发展纺织业、冶金业、航海运输业等高耗能产业，对于资源和能源的依赖性极强。德国鲁尔工业区在发展最高峰时曾占全德GDP 的 1/3、煤炭产量占全德的 80% 以上、钢铁产量占全德 70% 以上（宋冬林等，2009），法国的洛林地区素有法国"工业头巾"（Écharpe Industrielle）之称，钢铁产量一度占全法的 90% 左右（沈坚，1999）。但随着石油、天然气等廉价替代能源的开发，以及经济增长过程中生产要素结构的不断调整，鲁尔、洛林这些以煤炭和钢铁等资源产业为经济增长极的工业基地均因为剧增的开采成本和外部竞争而出现危机，主导产业迅速衰落导致经济结构失衡，城市发展陷入困局。这种由盛转衰的发展轨迹使得资源型城市的转型与可持续发展成为全球性问题。

1960 年，来自美国的经济学家肯尼斯·鲍尔丁（Kenneth E. Boulding）提出了"宇宙飞船理论"，该理论以可持续发展为目标，将物质的循环流动概念融入经济学思想，从此诞生了循环经济理论的雏形。之后，西方学者对循环经济的思想与理论不断完善，最终确立了以"减量化（Reduce）、再利用（Reuse）、资源化（Recycle）"为标准的"3R"原则，以产业生态学为理论基础的人类"生态经济"发展模式。在此基础上，发达国家也积极将循环经济理念投入经济与社会活动各个环节，抛弃传统的"先污染、后治理"的"生产末端治理模式"，改为"清洁生产"与"绿色消费"模式，基本实现了经济发展与资源利用和能源消耗的脱钩发展，成为实现区域可持续发展的理想发展模式（牛文元，2004），这也为目前正处于发展转型时期的资源型城市提供了一种可能的发展方向。

1.1.2　现实背景

中国的资源型城市大多建立在新中国成立初期，与新中国共同成长。早在20世纪90年代中期，党中央就已经认识到资源型城市经济发展存在的隐患，在十四届五中全会上提出了经济发展方式由粗改精的思路。2007年《国务院关于促进资源型城市可持续发展的若干意见》出台后，国家发展和改革委员会于2008年3月17日确定了首批包括阜新、伊春、辽源等在内的12座资源枯竭型城市。2009年国务院再次确定了包括枣庄、黄石、铜陵、景德镇等在内的第二批32座资源枯竭型城市，以期通过政策和财政的扶持带动资源枯竭型城市的可持续转型。2013年12月，国务院颁布的《全国资源型城市可持续发展规划（2013~2020年）》正式出台，明确中国共有资源型城市262座。90年代初期至今，中国出台了一系列促进资源型城市经济发展与社会转型的指导意见，但是长期的资源依赖与体制束缚造成资源型城市仍然面临着来自经济、资源、环境和社会各方面的不可持续发展的问题。

由于中国资源型城市大多资源依赖性极强，导致城市产业单一、抗风险能力差、经济增长动力不足、缺乏竞争优势。以中国典型的资源型地区东北三省为例，中国262座资源型城市有37座在东北，东北在中华人民共和国成立初期为中国工业发展提供了大量生产资料，是新中国工业发展的"长子"。然而，经过近半个世纪的发展，2014年黑龙江、吉林、辽宁的经济增长速度分别降为5.6%、6.5%、5.8%，均低于中国平均水平7.4%，GDP增速在中国31个省份排名最后五位[①]；另外，东北经济缺乏活力造成地区人才流失严重，人口结构失衡。中国第六次人口普查数据显示，东北三省人口连续多年净流出，机械流失量达180万人，此外，东北日趋老龄化的"纺锤形"人口结构加重了地区发展负担（董曙光，2015；许宏伟，2015），曾经威武的工业"老大哥"正在经历转型之痛。此外，长期粗放式的

---

① 《中国统计年鉴（2015）》。

开采和短视行为也造成资源型城市生态环境问题严重，据估算，中国约有 14×10^4 公顷沉陷区需要治理（朱敏，2015）。

在资源型城市经济、环境发展遇到"瓶颈"的同时，资源型城市的社会矛盾也愈发突出。据不完全统计，目前中国资源型城市中尚有近 7000×10^4 平方米的棚户区需要改造，城市低保人数超过 180 万（胡钰，2015）。而在中国资源型城市中，79.3% 属于成熟型与衰退型城市，已经进入转型期。这些资源型城市数量多、涉及范围广、种类复杂、区域发展程度差异巨大、历史包袱沉重，因此转型任务更加艰巨。数量庞大的资源型城市在为中国经济发展做出巨大贡献的同时，自身的发展也先后进入"瓶颈"期。不论处在哪种发展阶段，尽快转变经济发展方式是所有资源型城市摆脱资源束缚，实现可持续发展的唯一出路。

循环经济以追求社会效益最大化、污染最小化、废物资源化和环境无害化为目标，以提高资源使用效率为原则，将成为中国社会经济可持续发展的重要实现途径（苏杨、周宏春，2005）。资源型城市通过循环经济转型，完成经济效益、资源效益、环境效益、社会效益的"四赢模式"，最终实现可持续发展，成为目前中国政府与学术界研究的热点问题。

1.2 研究意义

1.2.1 研究学术价值

资源型城市的转型问题始终是有关资源型城市可持续发展研究方向的热点问题，而循环经济发展又是实现区域可持续发展的热点学术问题，两者的结合是产业经济学、区域经济学、制度经济学、社会学、生态学、城市规划学等多学科交叉的系统工程学。在近年的实践中，资源型地区已经出现了较为成功的转型案例（如德国的鲁尔、法国的洛林、英国的伯明翰等），梳理其成功经验不难发现，这些地区成功转型的背后几乎都在某些方面选择了循环经济的发展模式。

既然有了转型的成功案例，并且中国资源型城市转型迫在眉睫，那么进入新的发展阶段，作为科学工作者有必要思考以下几方面问题：（1）国外成功转型的资源型城市有什么理论体系与经验值得中国资源型城市借鉴？（2）如何确认循环经济是资源型城市转型的最优路径？（3）对于资源型城市，循环经济发展模式的发生机制是什么？（4）可否针对资源型城市的资源产业特点，为其设计特有的循环经济发展模式？（5）中国资源型城市当前的循环经济发展现状如何？等等。

上述问题共同构成了本书的资源型城市循环经济的发展机制、模式与评价研究。通过对资源型城市循环经济内在机理的研究，厘清资源型城市循环经济发展机制，并通过循环经济发展模式与评价结果为资源型城市的循环经济发展提供相应对策，最终帮助资源型城市摆脱资源束缚与发展困境，实现城市的可持续发展，对于学术界与实践界而言具有重要的理论与实践价值。

1.2.2　研究现实意义

循环经济是用发展的思想解决资源约束和环境污染的矛盾，将资源型城市转型与循环经济发展有效结合，找出资源型城市转型过程中的循环经济发展内在机制，并结合资源产业的特点设计出合理的发展模式，在对资源型城市循环经济发展现状进行评价的基础上提供科学的发展对策，对于资源型城市的可持续发展，甚至是中国的可持续发展具有重要的现实意义。

1.2.2.1　大力发展循环经济是资源型城市实现可持续发展的根本保障

中国目前正处于新常态的发展形势之下，并且在未来较长一段时间都将处于这种状态。资源型城市发展本身对资源依赖性强，可持续发展难度较大。循环经济要求地区发展环境友好型产业，通过走科技含量高、经济效益好、发展潜力大的新型工业化道路来摆脱传统线性经济增长模式，降低社会经济活动中的能耗和物耗，从而起到资源节约与环境友好的效果，最终使经济社会发展与自然协调发展。因此，为了快速实现转型，摆脱发展困境，资源型城市有必要进行循环经济的转型尝试。

1.2.2.2 资源型城市进行循环经济的转型对于加速推进中国经济发展方式转变具有重要意义

中国资源型城市达到 262 座，是中国城市体系的重要组成部分，资源型城市经济的转型升级关系到中国经济的转型升级。目前，资源型城市面临诸多问题：高载能工业比重过高，第三产业发展滞后；传统产业产能过剩，生产技术科技化程度低、产品经济附加值低；生态环境严重被破坏；资源产出效率低且消耗大；城市化水平落后，人才建设机制不健全等。要解决上述问题，资源型城市有必要全面进行循环经济转型。

综观目前资源型城市实际发展状况，对其实施循环经济的意义与难度都更加巨大。不论是研究学者，还是中央及地方政府，或是各种企业，甚至是普通民众，必须具备更加专业的知识、更加巨大的勇气，紧跟国家政策导向，暂时放弃眼前蝇头小利，加快资源型城市的转型速度，为 2020 年全面实现小康社会以及中国的可持续发展建设目标做出贡献。

1.3 研究框架与技术路线图

1.3.1 研究框架

本书主要涵盖以下内容：

第 1 章绪论。阐述了目前资源型城市的发展背景，尤其是在中国能源结构调整不断深化，资源市场波动剧烈的现实背景下的资源型城市的发展困境。从而引出资源型城市走循环经济之路的理论与现实意义。之后提出本书研究的主要内容和技术路线图，以及研究过程中需要采用的理论支撑和技术手段。

第2章资源型城市循环经济发展研究进展。首先，对资源型城市的含义、界定和分类等基础概念进行梳理，总结当前资源型城市转型研究的主要内容；其次，梳理循环经济理论的研究现状，包括循环经济的内涵与外延、实践模式、发展评价；最后，对于本书的核心研究内容资源型城市的循环经济发展现状进行分析，从当前的发展模式、实践路径和评价三方面详细整理了近50年国内外资源型城市的循环经济发展情况，并对当下资源型城市的循环经济发展现状、存在问题以及未来发展趋势进行了简要评述。

第3章资源型城市的转型。首先，依据资源产业发展特点的不同，本书将资源型城市划分为煤炭型、油气型、钢铁型、金属型、非金属型和森工型六种类型，并分析每种类型城市的分布和特征，同时构建资源型城市 ERES 系统的发展框架；其次，结合各类型城市的发展，分析目前中国资源型城市转型制约因素；最后，为资源型城市的可持续发展确立循环经济转型方向。

第4章资源型城市转型实证研究。以鄂尔多斯市转型进行实证研究。建立鄂尔多斯市 ERES 发展系统的 SD 模型，通过政策变量的调控模拟鄂尔多斯市不同转型方向下城市发展情况，在总结经验和合理趋势判断下，仿真不同转型方向下的鄂尔多斯市发展结果。根据仿真结果判断，循环经济转型是鄂尔多斯市实现可持续发展的最优方向。通过实证研究佐证循环经济选择的合理性。

第5章资源型城市循环经济发展机制。首先，围绕 ERES 系统，辨析资源型城市政府、企业和社会公众的循环经济三大驱动主体，构建资源型城市驱动力概念模型，对其具体受力情况进行分解，并通过格兰杰因果分析法对资源型城市 1999～2014 年的经济增长和环境压力之间的相互关系进行实证。其次，构建循环产业网络和循环社区网络两大资源型城市循环经济运行载体，分析其运行过程。再次，搭建资源型城市循环经济信息反馈交流平台。同时，通过信息的反馈流动建立资源型城市循环经济系统调控模块。最后，通过驱动、运行、反馈和调控机制的分析，实现对资源型城市循环经济发展机制的系统研究。

第6章资源型城市循环经济发展模式。首先，根据资源型城市的循环经济发展机制，设计由"三个模块"和"四个系统"共同组成的资源型城市循环经济发展一般模式。其次，以资源型城市循环经济发展一般模式为基础，结合产业生态学原理和企业清洁生产模式，根据资源产业的发展特点，设计不同类型的资源型城市经济系统循环经济发展模式，通过资源循环产业网络与其他模块的耦合，经济系统与其他系统的耦合，最终形成六套"三个模块""四个系统""一套资源循环产业网络"相融合的资源型城市循环经济发展模式。

第7章基于 ERES 框架的资源型城市循环经济评价指标体系设计。在结合前人成果、专家商讨以及本书研究的基础上，本章为资源型城市构建评价指标体系，以期对城市的循环经济发展状况进行科学评估。指标体系分为目标层、控制层、分类层和指标层，其中控制层由经济可持续性、资源集约利用、生态环境和谐与社会福利提高四部分组成。指标层由共性指标和特性指标共同组成，共性指标指所有资源型城市的循环经济发展通用指标，特性指标指的是根据不同资源产业的特点所设立的具有针对性的指标。最终，根据共性指标与特性指标的结合，为各类资源型城市设计循环经济评价指标体系。

第8章资源型城市循环经济评价及发展对策。基于前文构建的资源型城市指标体系，本章分别对不同类型资源型城市的循环经济发展进行实证研究。确定了主成分分析和 AHP 层次分析相结合的评价方法，对煤炭型、油气型、钢铁型、金属型、非金属型和森工型城市的循环经济实际发展状况进行评价，并基于循环经济发展机制和发展模式研究，根据评价结果为各类资源城市提供循环经济发展对策。

第9章结论与展望。总结本书得出的主要结论，梳理创新点，在总结研究与撰写过程中存在的不足的基础上，展望未来的研究方向。

1.3.2 技术路线

本书技术路线见图 1-1。

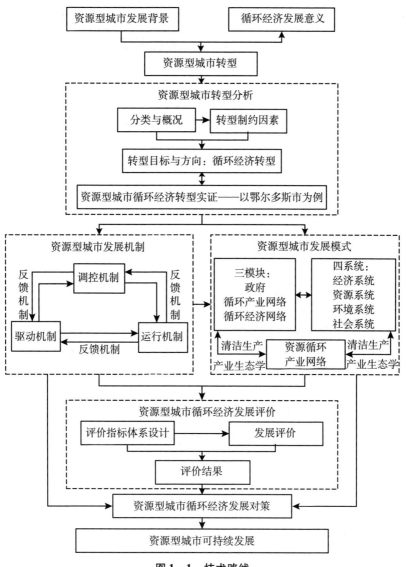

图1-1 技术路线

1.4 理论基础与方法

资源型城市的循环经济发展是涉及城市学、资源学、经济学、生态学、规划学、社会学等多个领域的交叉性综合研究。因此，本书涉及多种理论与方法。

1.4.1 理论基础

1.4.1.1 可持续发展理论

1987 年，布伦特兰（Brundtland，1987）在世界环境与发展委员会（WCED）发布的《我们共同的未来》奠定了可持续发展的框架基础。1992 年 6 月，联合国在里约热内卢召开世界环境与发展大会，102 个国家首脑共同签署了《21 世纪议程》，自此，可持续发展成为全世界的共识。

可持续发展理论将当代与后代、空间与时间、区域与全球、环境与发展、效率与公平等有机结合（牛文元，2012）。经济学角度更多地关注于科技进步贡献率抵销或克服投资边际效益递减率；社会学角度更加注重经济效率与社会公平的合理平衡；生态学角度更加注重环境承载力与经济发展之间取得合理的平衡；系统学角度注重发展度、协调度、持续度在系统内的逻辑自洽。这四个角度较为全面地涵盖了可持续发展理论的基本思想，而这种社会经济活动与资源环境利用之间的协调发展、经济发展与社会福利同步提高的协同发展思想也成为本书进行研究的理论指导思想。

1.4.1.2 复合生态理论

复合生态系统又称经济—自然环境—社会复合生态系统，指的是区域与生态环境之间构成的多级系统，是经济子系统、自然环境子系统和社会子系统组成的多级复合网络，如何协调环境与发展之间的关系是中国实现可持续发展所面临的核心问题（马世骏、王如松，1984）。

　　资源型城市作为一个以人类生产生活为主导，以自然资源系统为承载和依托形成的人为的复合生态系统，经济子系统是复合系统内为人类个体和集体谋求福利的系统，同时也是人类与自然子系统之间发生关系的重要媒介；自然环境子系统主要为人类的生产和生活提供能源、资源等物质供给和空间场所，决定和制约着人类经济活动的方式和规模，也影响着人类文化的发展，是复合生态系统的基础；社会文化子系统的功能在于维持系统的协调和平衡，是复合生态系统的控制部分。城市可持续发展的关键是辨识与综合三个子系统在时间、空间、过程、结构和功能层面的耦合关系（郭丕斌，2006）。

　　因此，复合生态系统理论作为协调资源型城市循环经济转型过程中经济、资源、环境和社会各个系统"压力—状态—响应"之间耦合关系的理论基础，贯穿于本书研究的始终。

1.4.1.3　产业生态学理论

　　产业生态学（Industrial Ecology）是 20 世纪 90 年代初在传统的自然科学、社会科学和经济学相互交叉和综合的基础上发展起来的一门新学科，是一门研究社会经济活动过程中自然资源从源、流到汇的全代谢过程，组织管理体制以及生产消费行为调控的系统科学（杨建新、王如松，2003）。

　　产业生态学的发展加速生态产业推进，进而促进国家经济发展模式转型。产业生态学的发展思路将过去"资源—产品—废弃物"的线性经济发展模式转为向"资源—产品—再生资源—再生产品"的循环经济发展模式，以期实现能量阶梯利用和资源的闭合使用，在不断提高资源产出效率的基础上，最少地使用原生资源，最轻地向自然界排放废弃物。这种发展目标与循环经济倡导的理念相一致，因此，产业生态理论与方法被作为本书的理论支撑之一。

1.4.1.4 清洁生产理论

联合国环境署（UNEP）1989 年首次提出"清洁生产"，将其定义为：坚持选择环境保护策略对产品的生产和服务进行评价、监督和建议，从而降低产品生产过程和废弃物排放过程对于人类及环境系统造成损害。清洁生产包括生产源头对原材料的减量化使用，以及使用清洁能源和可再生能源；生产过程中循环工艺的使用和废弃物的循环利用；产品失去使用价值后的回收利用或是无毒、无害排放的全过程研究。

循环经济的最小运行主体是企业单元和家庭单元，而企业又是对资源和环境产生影响最明显的主体，因此对于企业的清洁生产转型是从微观角度保证资源型城市循环经济发展的重要保障。

1.4.2 研究方法

1.4.2.1 系统动力学

系统动力学（System Dynamics，SD）通过系统结构—功能解析，利用计算机模拟手段，借助于仿真技术，解决复杂反馈系统的问题（王其藩，1994）。系统动力学可以处理反馈回路复杂和高阶次的系统。而资源型城市作为一个社会学范畴的系统，内部结构错综复杂，系统内部要素多且相互之间存在强关联性，且随着时间和空间的变化，自身也会不断发生变化，故形成复杂的多重复反馈回路。基于复杂的资源型城市系统，传统的简单数学模型、经验判断和推理的方式已难以判断资源型城市经济发展趋势。因此，可以通过系统动力学方法定量分析资源型城市系统特征以及随着时间的变化趋势，从而深入了解和探讨资源型城市系统的结构特征和运行机制。

基于此，本书通过 Vensim PLE 软件，建立资源型城市 ERES 系统仿真模型，通过 ERES 系统 SD 模型的建立，对资源型城市不同转型方向下的城市发展情况进行仿真，从而根据仿真结果选择资源型城市的合理转型方向。

1.4.2.2　格兰杰因果分析

格兰杰因果关系（Granger Causality）可以反映一个经济变量是否对另一变量具有显著滞后影响（Granger，1969）。通过格兰杰因果检验，判断两个变量之间回归系数是否联合显著，若显著则表明变量就是回归方程解释变量的格兰杰原因，否则即不是其格兰杰原因（Granger，1987）。

基于此，本书通过 EViews 6.0 软件，利用格兰杰因果关系验证目前资源型城市经济发展与环境污染和资源消耗之间的真实关系，从而证明环境压力已经成为资源型城市循环经济发展的阻力之一。

1.4.2.3　主成分分析法

主成分分析方法（Principal Component Analysis，PCA）是将多个相互之间有相关性的指标转换成不相关的综合指标的统计方法（陈涛，2008）。主成分分析法的优点在于可以减少人为主观意识对于评价结果的影响，在保证研究精确度的前提下提高研究效率。基于此，本书通过 SPSS 16.0 软件，利用主成分分析法对资源型城市的指标进行处理，从而得出研究时段内资源型城市不同子系统的循环经济得分。

1.4.2.4　AHP 层次分析法

20 世纪 70 年代，美国匹兹堡大学运筹学家萨迪（T. L. Saaty）教授提出层次分析法（Analytical Hierarchy Process，AHP），该方法通过方案排序解决复杂的决策问题。AHP 方法的核心思想是将复杂而多样的决策问题分层次，根据问题的属性和目标，确定主要的影响因素，确定因素隶属关系，从而构建多层的分析结构模型，根据各因素的权重，并结合人为的判断，对不同方案进行排序（谭跃进，1999）。本书依据样本数据的特性，在利用主成分分析对资源型城市循环经济各个指标的得分进行处理后，通过 yaahp v7.5 软件，采用层次分析法（AHP）分别对不同系统的权重进行赋值，从而求出某一类型资源型城市在某一研究时段内的循环经济发展综合得分。

第 2 章

资源型城市循环经济发展研究进展

目前，关于资源型城市的概念和转型，以及循环经济理论等相关研究在理论与实践方面均取得了较多的成果，尤其在实践方面成果更为显著，主要体现在资源产业循环链条延伸和循环工业园区建设。但是，资源型城市的循环经济发展研究仍然处于探索阶段。本章在前人的研究基础之上，综合资源型城市实际发展特点，评价其循环经济发展现状与趋势。

2.1 资源型城市与转型发展研究

20 世纪 30 年代开始，学者开始关注于资源型城市的相关研究。但直到 20 世纪 50~60 年代，与资源型城市相关的政策路径、产业转型、社会福利、环境治理等领域才真正受到社会及相关学者的重视，并逐渐成为城市研究的热点问题，时至今日，关注热度从未减弱。

2.1.1 资源型城市发展

2.1.1.1 资源型城市的概念

资源型城市所指的资源为自然资源，故又被称为"资源性城市"或"资源城市"（刘云刚，2002）。关于资源型城市的概念在多年的研究过程中暂未形成统一的标准,目前学术界常用的概念见表 2 - 1。

表 2 - 1　　　　　　　　　资源型城市概念梳理

概念	定义	评价	文献来源
矿业城市	一看质,即该城市中矿业经济对城市的影响及所处地位;二看量,即矿业产值占城市工业总产值的权重	资源为不可再生资源,故将资源型城市称为矿业城市	徐君和王育红(2009)
资源型城市	具备城市的规模、性质和职能,其次资源开采和加工业在城市产业构成中居于支柱性或主导性的地位	侧重资源在城市中的作用	齐建珍(2004)
	向社会提供资源型矿产产品及其初级加工品的一类城市	侧重资源在城市中的作用	吴奇修(2008)
	以本地区矿产、森林等自然资源开采、加工为主导产业的城市	侧重资源在城市中的作用	国家和发展改革委员会(2013)

　　基于前人对资源型城市的定义,本书也认同从资源在城市中所起作用的角度判断该城市是否为资源型城市。具体来说,资源型城市必须满足以下四个标准:首先,必须具备一般型城市的特点,既有健全的城市构建、规模和职能;其次,具有明确的地域范围,一定数量的人群长期固定聚居于此,并从事生产、生活和经营活动,从而在一定范围内起到聚集和带动的作用;再次,所谓的资源一定要是从当地开采或挖掘,否则资源加工规模再大的城市也不能称为资源型城市;最后,也是最重要的一点是,资源产业即资源开采和加工业的发展在城市产业比例中必须占有重要地位,城市发展与资源产业兴衰联系紧密。

2.1.1.2　资源型城市的界定标准

　　目前仍没有统一的资源型城市界定标准,比较权威的为 2001 年中国矿业联合会副秘书长胡魁和 2002 年国家计委宏观经济研究院课题组提出的两种界定标准方法：前一种方法从矿业资源产业收入（县级政府大于 4500 万元，地级市大于 1 亿元）、产业所占 GDP 比重（ >5% ）和产业从业人员（ >6000 人）三个方面给出标准，另外将虽未满足以上三个条件，但属于老矿业城市或发展潜力大的新矿业城市包括在内；后一种方法从采掘业产值（地级市超过 2 亿元，县级市超过 1 亿元）、产业所占工业总产值比重（ >10% ）、产业从业人员（地级市多于 2 万人，县级市多于 1 万人）和产业人员所占比重（ >5% ）三个方面给出界定标准。

2013 年底，国务院颁布的《全国资源型城市可持续发展规划（2013～2020 年）》中首次给出中国资源型城市数量和分布：总计262 座，覆盖中国 28 个省和自治区，其中地级行政区（地级市、地区、自治州、盟等）共 126 座、县级市共 62 座、县（自治县、林区）共 58 座和市辖区（开发区、管理区）共 16 座。

2.1.1.3　资源型城市的分类

资源型城市的划分标准多样，目前较为主流的是按照不同资源产业类型和资源开采周期对资源型城市进行划分（见表 2 - 2）。如从矿产资源分类角度将中国矿业城市（镇）分为煤炭型、有色金属型、建材及非金属型、黄金型、黑色金属型、化工型、油气型共七类（胡魁，2001）。随后国家计委宏观经济研究院课题组（2002）把矿产资源以外的部分可再生资源纳入资源型城市之中，将资源型城市划分为煤炭型、有色冶金型、黑色冶金型、石油型、森工型、其他型共六类。除了从资源分类角度外，也有研究从资源城市所依赖的自然资源角度，将资源型城市划分为金属矿产型、非金属矿产型、能源矿产型和森工型共四类（齐建珍，2004）；近期，张文忠（2014）按照资源产业类型不同将资源型城市划分为非金属型、黑色型、煤炭型、油气型、有色型、森工型和综合型。

表 2 - 2   资源型城市分类

划分方法	划分类型	文献来源
资源产业类型	煤炭型、有色金属型、建材及非金属型、黄金型、黑色金属型、化工型和油气型	胡魁（2001）
	煤炭型、有色冶金型、黑色冶金型、石油型、森工型和其他型	国家计委宏观经济研究院课题组（2002）
	金属矿产型、非金属矿产型、能源矿产型和森工型	齐建珍（2004）
	非金属型、黑色型、煤炭型、油气型、有色型、森工型和综合型	张文忠（2014）
资源开采周期	成长型、成熟型、枯竭型和再生型	国家发展和改革委员会（2013）

另外，按照资源的生命周期及其生长轨迹将资源型城市分为成长型、成熟型、枯竭型、再生型（国家发展和改革委员会，2013）：（1）成长型城市处于资源产业发展的初期，多以资源开采和初级加工为主。该时期的资源处量丰富、品相好、相对易于开采，资源产业处于上升期。目前处于该时期的资源型城市多位于中国少数民族聚居区，一般规模都不大，但发展潜力巨大。如内蒙古的鄂尔多斯、新疆阿勒泰地区等。中国有资源成长型城市 31 座，其中地级行政区 20 座，县级市 7 座，县 4 座。（2）成熟型城市的资源产业多处于稳定期，资源大规模开发时间在 20～50 年之间，矿业产值占生产总值的 40%～80%（曾万平，2013），资源产业在城市经济结构中的主导或支柱地位明确，同时带动物流、金融、服务等周边产业发展能力逐渐加强，城市经济实力相对最强。如山东东营、山西大同市、新疆克拉玛依市等。目前中国有资源成熟型城市 141 座，占据全部资源型城市的 53.8%。（3）枯竭型城市的资源开采时间多于 50 年，资源生产的数量和质量都处于下降的趋势。中国资源枯竭型城市有 67 座，如乌海、阜新、抚顺。（4）再生型城市内的资源基本处于枯竭状态，传统资源产业也逐渐消失，城市转型迫在眉睫。中国资源再生型城市总

计23座，传统的钢铁型城市唐山、包头、鞍山均在其中。

2.1.2 资源型城市转型发展

2.1.2.1 资源型城市转型的驱动因素

近年来，资源型城市转型的驱动因素研究成为资源型城市研究的热点，研究提出需通过强化制造业发展、技术创新和人类资本积累，弱化制度变迁，通过调控经济发展过程中的要素配置，来驱动资源型城市的转型发展（刘学敏，2013）。针对枯竭型城市的研究，张文忠（2015）提出资源型城市转型的影响因素包括再就业培训体系与产业发展等匹配度低、地方资金投入方向与国家导向偏差。针对供给侧改革驱动资源型城市的转型发展研究表明，产业、制度和要素供给为资源型城市转型的驱动因子（徐君，2016）。本书认为资源型城市转型的驱动因素由生产要素投入、再就业机制建设、专项转型基金设立和相关政策扶持四类因素共同构成。

2.1.2.2 资源型城市转型的路径

（1）创新政府的管理职能。主要通过完善协调机制，整合发展规划；建立预警系统；实施财政援助，重建转移支付；推进制度创新，转变政府职能；完善城市功能，实施城市经营；挖掘产业文化要素，构建特色城市文化；优化资本结构，人力资本培育与创新能力建设等来实现（Bradbury，1988；金建国，2005；Mehlum et al.，2006；曹斐，2011；曾万平，2013；赵辉，2013）。

（2）政府转型路径。资源型城市的转型路径主要包含三个方向：一是转变经济发展方式，实现经济增长与资源消耗脱钩发展；二是增强区域创新能力，打破长期形成的路径依赖和挤出效应；三是促进城市功能转变，完善城市的区域行政管理职能、科技和文化教育医疗和生活配套等综合功能（张文忠，2014）。

2.1.2.3 资源型城市的产业转型

（1）产业转型模式。产业转型包括产业延伸和产业更新两种模式。产业延伸即扩展资源开发的产业，包括下游的加工业和深加工业等。产业更新模式指的是在现有的经济、社会和经济基础上，发展新兴产业，致力于摆脱原有的传统资源产业，这种模式适用于衰退期的资源型城市。还有一种复合模式，即产业延伸和产业更新模式的结合，通过过渡替代的方式逐渐实现城市经济的去自然资源化发展，这种模式适用于成熟期的资源型城市，具体的城市不同转型阶段与产业发展的相互关系见表2-3（郑治国，2002；张米尔，2004；刘学敏，2011）。

表2-3　　　　　　　资源枯竭型城市转型阶段及其重点

转型阶段	资源基础	主导产业	增长来源	作用功能	途径关键
转型前期	矿产资源开发	资源产业	矿产品	传统经济作用	企业改制
转型初期	矿产资源高效循环利用	接续产业	深加工产品	产业链延伸	技术改造
转型中期（"小转型"）	资源综合利用新型再生资源开发	农业产业化新型产业培植高科技产业	新产品	经济领域扩展	经济组织创新
转型后期（"大转型"）	资源整合　资源扩展	产业结构优化	产品经营资本运作	产业集群	园区经济构建

资料来源：刘学敏、王玉海、李强等：《资源开发地区转型与可持续发展——鹰手营子矿区、灵宝、靖边转型案例》，社会科学文献出版社2011年版。

（2）产业转型评价。目前可通过建立指标体系评价资源型城市转型的效果，如张团结（2008）选取替代产业发展的资源自有率（u）、替代产业带动当地失业劳动力就业率（l）、替代产业的资本投资利润率（r）和替代产业可持续发展性（p）（即环境污染的治理成本）4 项因素，建立 H 模型，评价城市转型效果。王剑（2013）以主导产业的战略选择为标准，选取区位熵、GA、SE、FKN/E、P/C、百元产值利税率以及产品构成系数这七项指标并建立指标体系，评价城市转型效果，研究表明劳动者主体地位为资源型城市转型的根本保证。除此以外，制度和科技的创新及其资金的支持也是资源型城市转型的重要支撑。

2.1.2.4　资源型城市的空间格局与土地利用转型

最初，资源型城市包括单中心和多中心两种形式，但是由于人口的不断增加和经济的持续发展，以及产业形态多元化的因素，资源型城市的空间格局向聚集的趋势发展。目前资源型城市的空间格局以"多中心"居多，该种格局表现为城市分布离散，城市空间功能特殊和城市空间历史传承的特征。根据资源型城市的空间格局，表明建立紧凑型的城市空间布局是重要的转型模式（陈忠祥，2006；樊涛，2011；张石磊，2012）。基于资源型城市的空间格局，宋戈和曹国平（2012）定义了资源型城市土地集约利用的概念，基于土地集约利用的相关理论构建了相关的评价指标体系和评价方法，提出如何促进资源型城市的土地集约化。

2.1.2.5　资源型城市转型的评价

（1）评价指标体系建设。目前，关于资源型城市的转型评价研究成果较多，具体表现在评价指标体系的设计。主要从城市经济发展的规模和质量、社会与人文发展、政府管理职能、资源产出、环境保护的角度出发，建立不同侧重标准、不同层级与不同指标数量的资源型城市转型评价指标体系（杨振超，2010；尹牧，2012；陶长江，2014）。

此外，从政府角度来看，2013 年底国务院颁布的《全国资源型城市可持续发展规划（2013～2020 年）》也对中国资源型城市可持续发展提出了主要评价指标，涉及经济发展、民生改善、资源保障和生态环境保护 4 个二级指标、14 个三级指标（如表 2 - 4 所示）。

表 2－4   中国资源型城市可持续发展主要指标

目标层	分类层	指标	2012 年	2015 年	2020 年	年均增长
中国资源型城市可持续发展	经济发展	地区生产总值（万亿元）	15.7	19.8	29.1	8%
		采矿业增加值占地区生产总值比重（%）	12.8	11.3	8.8	［-4］
		服务业增加值占地区生产总值比重（%）	32	35	40	［8］
	民生改善	城镇居民人均可支配收入（元）	16033	＞20200	＞29700	＞8%
		农村居民人均纯收入（元）	7607	＞9600	＞14100	＞8%
		城镇登记失业率（%）	4.5	＜5	＜5	
		棚户区改造完成率（%）		＞95	100	
		单位地区生产总值生产安全事故死亡率降低（%）				［60］
	资源保障	新增重要矿产资源接续基地（处）				［20］
		资源产出率提高（%）				［25］
		森工城市森林覆盖率（%）	62	62.6	63.6	［1.6］

续表

目标层	分类层	指标	2012 年	2015 年	2020 年	年均增长
中国资源型城市可持续发展	生态环境保护	历史遗留矿山地质环境恢复治理率（%）	28	35	45	[17]
		单位国内生产总值能源消耗降低（%）				
		主要污染物排放总量减少（%） 化学需氧量				[15]
		二氧化硫				[15]
		氨氮				[17]
		氮氧化物				[17]

注：方括号内数字为到 2020 年累计数。有关约束性指标以国家或相关地区下达为准。

资料来源：《国务院关于印发〈全国资源型城市可持续发展规划（2013～2020 年）〉的通知》，2013 年 11 月 12 日。

（2）评价方法研究。针对资源型城市的类型不同、研究方向不同、指标设计不同，所对应的评价方法也不尽相同。目前在学术界较为流行的评价方法主要有 AHP 层次分析法（尹牧，2012）、灰色关联度法（李友俊，2012）、主成分分析法（王鹏，2015）、模糊综合评价法（付桂军，2013）、人工神经网络法（朱明峰，2005；李春民，2006）、DEA 数据包络分析法（杨振超，2010）和 TOPSIS 分析法（王学军，2015）。

2.1.3 资源型城市及其转型发展简评

2.1.3.1 经济转型能力提升空间巨大

目前针对资源型城市经济转型的策略和途径研究比较深入，但对转型的阶段性发展和效果评价及其转型过程的监督，转型过程中相应的社会科技问题（如劳动力、社会保障、科技创新等）研究欠缺，在今后仍需要加强以上的研究。

2.1.3.2 对策研究仍然宽泛

虽然已经有大量关于资源型城市转型的措施和政策建议，但是研究成果仍然比较空泛，实践性较弱，未能考虑到资源型城市类型、发展阶段、资源禀赋差异等问题。现行政策少而零散，多为补救性政策，政策实施上系统性不强，缺少顶层设计的宏观规划与指导方针，需要进一步的深入研究。

综上所述，近些年对于资源型城市的转型研究，各领域学者从产业转型、城市规划、资源利用、生态保护、政策路径选择、制度保障等不同方面进行了探讨，以期达到实现资源型城市的可持续发展目标。但资源型城市的转型是一门多学科交叉的系统学研究，综观目前各领域研究成果，似乎仍然缺乏一种发展模式或是发展思路适合对城市发展动态进行监测，同时涵盖经济、资源、环境、社会等综合系统，这也成为本书关注的焦点之一。

2.2 循环经济理论研究

20世纪60年代，美国经济学家博尔丁（Boulding，1966）首次提出了"宇宙飞船理论"，该理论成为循环经济思想发展的基础。该理论将地球比喻成一座飘浮在太空中的宇宙飞船，需要通过不断汲取资源而运行，一旦飞船里所能提供的资源供不应求，飞船将停止运转，人类的生命也将终结。延长飞船运行时间的方法即实现飞船内资源的循环利用，从而保证其长久运行（Jarrett，1966）。同孤立的宇宙飞船相似，地球上虽然拥有更多的资源与环境空间，但若人们竭泽而渔，那么地球最终也将遭遇资源耗竭、家园毁灭的灾难。半个世纪以来，国内外学者对于循环经济的研究始终坚持理论完善与技术研发、实践生产相结合的方式。

2.2.1 循环经济内涵与外延

2.2.1.1 国外研究

（1）循环经济中的物质流动与生态环境的关系。继博尔丁之后，学者们进一步深入研究循环经济的思想，研究的重点是在现有经济系统的体制下模仿生态系统中的物质与能量流动（Ayres & Kneese，1969；Ayres，1988；Pearce & Turner，1990；Fischer & Kowalski，1998）。循环经济（Circular Economy）一词最早于 1990 年由英国环境经济学家皮尔斯、特纳（Pearce & Turner）在《自然资源和环境经济学》中提出，废弃物的再循环利用可以降低自然的同化压力，一旦社会经济活动对于资源的利用量和废弃物的排放量超过自然载荷量，则会对自然界造成破坏。

吉塞利尼（Ghisellini，2015）认为循环经济是从更广泛、更全面的生产全周期中，实现经济和环境有机结合的行为。乔治（George，2015）对循环经济的增长模型进行研究，提出环境质量与环境库兹涅茨曲线（EKC）不同，它并不能通过经济增长而改善，相反，只能通过环境自我更新率或是循环率的提升来实现环境质量的改善。

（2）循环经济与工业经济的关系。传统的工业经济将工业发展与环境系统脱离，而工业生态学对此提出相反的观点，认为工业发展与环境应该通过资源和生态空间所提供的物质流、信息流、能量流作为整体相互融合（Erkman，1997）。工业生态学推动了物质圈和能量圈的闭合，因此直接减少了工业生产过程中废弃物的排放量（Ehrenfeld & Gertler，1997；Chiu & Geng，2004；Andersen，2007）。

循环经济正是建立在生态工业的概念之上，构建一个全新的产品生产、分配与回收的经济发展模式，通过工艺流程的再造，实现资源利用最大化，从而达到经济增长与资源利用的脱钩发展（Iung & Levrat，2014；Chiaroni & Chiesa，2014；UTS，2015）。但我们不能忽略循环经济的实现不只需要创新动力，同时也需要创新的执行者。实际上循环经济是一个复杂的交叉性学科，创新设计者以及为创新提供服务、监管并且制定政策工具的中间人是实现循环经济的最重要组成部分（Golinska et al.，2015；Küçüksayraç et al.，2015）。

（3）循环经济"3R"原则的内涵。有学者以循环经济的"减量化""再利用""资源化"三项基本原则为研究对象，对其实践过程中所面临的限制或挑战进行梳理总结（Bilitewsky，2012；Figge，2014；Sevigne – Itoiz，2014；Park Stahel，2014），详见表 2 – 5。

表 2 – 5　　　　　循环经济"3R"原则发展的限制与挑战

原则	限制或挑战	参考文献
减量化	克服生态效率或生态自给自足的反弹效应策略	Figge et al.，2014
再利用	研发可重复利用性材料 增加消费者对可重复利用的产品和材料的需求 发展公司的回收机制 确保产品可以进行维修和二次使用 对于基于不可再生能源的使用生产的产品或服务的税收高于基于劳动力或可再生能源的使用	Park & Chertow，2014 Prendeville et al.，2014 Bilitewsky，2012 Bilitewsky，2012 Stahel，2010，2013
资源化	发展本地生产资料回收利用市场 材料的全球贸易风险	Sevigne – Itoiz et al.，2014 Bilitewsky，2012

（4）循环经济的保障手段。安德森（Andersen，2007）、UNEP（2015）从循环经济的实施手段上对其进行研究，认为完善的法律法规是保障循环经济顺利实施的重要手段，其中收取环境税是实现企业生产活动所造成的外部成本内部化的有效措施，并且通过各种服务和活动鼓励产品循环利用、资源保护和环境减负。

2.2.1.2　国内研究

（1）循环经济研究概况。在中国，刘庆山（1994）较早使用循环经济这一概念，从资源再生的角度解释循环经济，他认为资源循环利用是废弃物资源化的本质。闵毅梅（1997）翻译德国于1996年生效的《循环经济法》时，使用了循环经济。此后循环经济在中国蓬勃发展，然而，循环经济作为一门学科还没有真正形成（山东理工大学广义循环经济研究课题组，2007），仍需要进一步完善其理论体系。目前，中国对于循环经济的研究主要聚焦于以推行清洁生产和实现产业共生为核心的生态工业园区的建设，同时在企业、产业、园区三方面的联系上做了一系列的研究（冯之浚，2008；汪利平，2010；赵愈，2011；田金平，2012）。

（2）循环经济概念。

①循环经济是生态经济。部分学者认为循环经济属于应用生态经济学的范畴，循环经济最初的提出是希望通过废弃物的再循环，减缓环境破坏与经济增长之间的矛盾，其发展的目的是为协调生态系统和社会经济之间的关系，以期达到两者的可持续发展，故循环经济实质上是生态经济的深化和具象化，注重的是实践模式（任勇，2005；朱铁臻，2007；刘旌，2012）。

②循环经济是全新的经济增长模式。循环经济的发展目标是保障经济与环境的可持续发展，将环境科学与经济融合成一个严密和封闭的循环体系，将资源和环境纳入市场经济机制，建立如绿色GDP等新的经济学体系，使资源与产品之间形成相互融合、相互依存、相互支撑的一种经济增长模式（金涌，2006；刘学敏，2008）。

但目前学术界较为流行的角度是将上述两种观点融合，认为循环经济是以生态经济理论为基础，为加快实现经济增长与环境破坏和资源消耗之间的脱钩发展，而衍生出来的一种全新的经济增长方式（严实，2008；刘薇，2009；俞金香，2012）。

2.2.2 循环经济发展与实践模式

2.2.2.1 国外研究

20世纪90年代之后，随着资源环境与经济发展的矛盾不断突出，坚持"减量化""再利用""资源化"的循环经济理念便迅速在西方、日本等发达国家和地区的政府与科学界得到实用。

（1）小循环模式——企业内部循环。在微观层面，美国杜邦公司是将循环经济发展理念最早落实的企业之一。杜邦首次将工业中的"3R制造法"与循环经济中的"3R"原则相结合，实现减少废弃物排放的目的。例如，该公司通过科技创新，生产出用途广泛的易降解乙烯相关产品，以替代难降解、对环境危害大且使用量较大的产品，从而降低了25%的废弃物生产量，同时减少了70%的空气污染（王红，2004）。

（2）中循环模式——工业园区循环。目前世界上工业生态系统运行最为典型的代表为丹麦卡伦堡工业园区（Robert Rasmussen，1997），该园区的物质循环见图2-1。卡伦堡工业园区由四个核心企业组成，部分企业所需的生产原料来自其他企业的副产品或者废弃物，在降低生产成本的基础上实现保护环境的功能，从而将经济效益和环境效益发挥到最大化。

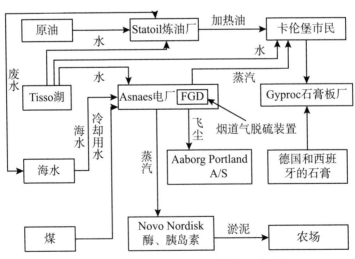

图2-1　生态工业园区物质循环示意图

资料来源：苏伦·埃尔克曼著，徐兴元译：《工业生态学》，经济日报出版社1999年版。

（3）大循环模式——社会循环。

①美国模式。美国于 1996 年第四次修订《资源保护及回收法》，在原有的"3R"原则上，建立了"4R"原则，即减量（Reduction）、再利用（Reuse）、资源化（Recycle）和再修复（Recovery）（He et al.，2013）。

②德国模式。德国于 1994 年制定了《循环经济及废弃物法》，通过法律手段对生产生活过程中的资源节约和废弃物排放进行监管，从而起到减少社会资源使用和物质浪费的作用。

③日本模式。1991 年，日本正式通过《回收利用效率法》，将循环经济引入日本发展（IES，2015）。之后，《循环型社会促进法》于 2000 年颁布，以此为基础，提出循环型社会（Recycled Oriented Society）的构想。

国外对于循环经济的研究更多地集中于管理实施方法上，而对于循环经济指标体系以及评价发展研究则相对较少。

2.2.2.2　国内研究

在关于循环经济发展模式的研究，"3＋1"模型是被社会各界广泛接受，并得到广泛实践应用的循环经济发展模式。该模式指的是小尺度的企业范围内循环、中尺度的园区范围内循环、大尺度的社会范围循环，以及发展资源再生产业。

诸大建等（2009）对"3＋1"模式进行扩展，提出"对象—主体—政策"模型。苏（Su，2013）进一步归纳了国内循环经济的实践结构（详见表 2－6），给出国内循环经济实践的总体框架，该框架中包含不同领域和层次的循环经济实践方式，并提出了相应的对策建议，对中国循环经济的发展有重要的研究和实践意义。

陆学（2014）等结合前人的研究经验，总结出更为全面的"233145"模式，该模式指：把握生产和消费两大领域，贯彻落实"减量化""再利用""资源化"三大原则，全面践行企业小循环、园区/区域中循环、社会大循环三种循环尺度，积极发展资源再生产业，完善循环经济立法与规划、循环经济试点示范创建、工业园区循环化改造、资源回收利用与综合利用四大举措，建设基地、园区、企业、产业链、非政府组织五大载体。

表2－6　　　　　　　　中国循环经济实践结构

实践领域	微观尺度 （单一对象）	中观尺度 （共生联盟）	宏观尺度 （城市、省、国家）
生产领域（第一、二、三产业）	清洁生产 生态设计	生态工业园区 生态农业系统	区域生态产业网络
消费领域	绿色采购与绿色消费	环境友好公园	租赁服务
废物管理	产品回收体系	废物交易市场 静脉产业园区	城市共生
其他		政策与法律；信息平台；能力建设；非政府组织	

资料来源：Su，B.，Heshmati，A.，Geng，Y. and et al. 2013：A Review of the Circular Economy in China：Moving from Rhetoric to Impletation，Journal of Cleaner Production，Vol. 42.

2.2.3　循环经济发展评价

2.2.3.1　国外研究

在对循环经济发展水平的测量方法上，主要以全额成本评估（Wernick，1995）、物质放射性循环分析（Connelly，1997）、无因次分析（Connelly，2001）、能量流分析（Andersen，2002）、生命周期评估（Seager，2004）和物质流分析（Seager，2004）为代表。奥伍德（Allwood，2011）等研究认为，尽管可以通过提高能源效率来降低对环境的污染，但是仍然无法承受未来40年内人类对自然资源的需求增加速率。之后，耿（Geng，2013）提出建立基于能值的循环经济评价指标体系，能值分析方法逐渐成为测量生态效率和物质效率的较为流行的研究方法。

2.2.3.2 国内研究

（1）指标体系设计。相对于国外，国内学者对循环经济指标体系的研究起步较晚。在借鉴国外指标体系的基础上，国内学者结合可持续性发展城市的研究成果，建立相关指标体系。资源型城市循环经济指标体系建设与智慧城市、生态城市、绿色城市、低碳城市、宜居城市等指标体系的目标相同，因此，目前这些城市的指标体系研究成果也成为循环经济发展指标体系的参考（见表 2 - 7）。

表 2 - 7 不同类型城市可持续发展指标体系统计

城市分类	发展宗旨	发展重点	指标特色
智慧城市	可持续发展	利用信息技术实现城市智慧式管理和运行，进而为市民创造更美好的生活，促进城市的和谐、可持续成长	强调通信设施、信息共享基础设施建设等指标（顾得到，2012；王思雪，2013）
生态城市	可持续发展	按照生态学原则建立起来的社会、经济、自然协调发展的新型社会关系，是有效地利用环境资源实现可持续发展的新的生产和生活方式	强调环境友好、生物多样性等指标（张坤民，2003；中华人民共和国生态环境部，2007；Jepson，2010）
绿色城市	可持续发展	绿色城市是充满绿色空间、管理高效、适宜创业、适宜居住和生活，且各具特色的可持续发展的动态城市	强调生态、环境、民生等各方面综合发展的指标（余猛，2008；王婉晶，2012）
低碳城市	可持续发展	以低碳经济为发展模式及方向、市民以低碳生活为理念和行为特征、政府公务管理层以低碳社会为建设标本和蓝图的城市	强调节能减排与碳中和技术等相关指标的实现（中国科学院可持续发展战略研究组，2009；辛玲，2011）

城市分类	发展宗旨	发展重点	指标特色
宜居城市	可持续发展	从城市规划角度设计出具有良好的居住和空间环境、人文社会环境、生态与自然环境和清洁高效的生产环境的居住地	强调社会发展和市民生活质量等指标（中国城市科学研究会，2007）
循环经济型城市	可持续发展	在人类社会经济活动中，产品在生产、消费、废弃等各个环节所建立起来的以减量化、再利用、资源化为原则的贯穿于产品生命周期的一种生产、生活方式，目标是实现资源约束条件下的经济利润最大化	强调资源的减量投入和资源的高效使用等指标（徐建中，2008；国家发改委，2013）

最初循环经济指标体系的构建更多地关注资源产出、资源消耗、资源综合利用以及废弃物处理四个方面的内容（章波、黄贤金，2005；国家统计局"循环经济评价指标体系"课题组，2006）。之后，国家发改委联合其他部委于2007年联合发布的《关于印发循环经济评价指标体系的通知》中，首次从宏观层面和工业园区的发展设计了两套指标体系，一级指标均分为资源产出指标、资源消耗指标、资源综合利用指标和废物排放指标。2016年12月27日，国家发改委再次联合财政部、环保部和国家统计局四部委联合发布了《循环经济发展评价指标体系（2017年版）》，具体的指标如表2－8所示。本次指标体系的设计更加符合当前中国资源利用的实际情况，指标可得性也相对较强，给今后城市循环经济评价研究提供了较为权威的参考标准。

但随着循环经济理论的完善，经济发展、人类福利、生态环境、科技支撑、管理协调等，尤其是政府职能对于城市循环经济发展的影响成为学术界关注热点（俞金香，2012；王茂祯，2012；王林珠，2013）。

表 2 - 8　　　循环经济发展评价指标体系（2017 年版）

分类	指标	单位
综合指标	主要资源产出率	元/吨
	主要废弃物循环利用率	%
专项指标	能源产出率	万元/吨标煤
	水资源产出率	万元/吨
	建设用地产出率	万元/公顷
	农作物秸秆综合利用率	%
	一般工业固废综合利用率	%
	规模以上工业企业重复用水率	%
	主要再生资源回收率	%
	城市餐厨废弃物资源化处理率	%
	城市建筑垃圾资源化处理率	%
	城市再生水利用率	%
	资源循环利用产业总值	亿元
参考指标	工业固废处置量	亿吨
	工业废水排放量	亿吨
	城镇生活垃圾填埋处理量	亿吨
	重点污染物排放量（分别计算）	万吨

（2）评价方法研究。目前国内测度循环经济发展水平的核心方法是生态效率法（诸大建，2006）。虽然该方法在循环经济实践和指标体系构建中起到重要的作用，但是仍然存在较多的理论缺陷（陆学，2014）。生态效率只能考虑到我们对于资源的利用效率，但并未考虑到减量化这一部分，因此生态效率只能从单方面反映循环经济发展水平。目前资源型城市循环经济发展评价方法在学术界较为流行的有以下两种：一是基于 DEA 模型的方法（曾绍伦，2009；张伟，2012；王莉，2014）；二是基于能值分析的方法，能值理论将自然资源赋予价值并纳入市场经济体系中，解决了资源环境与市场对接的问题，也消除了量纲不统一造成的误差，能较好地反映实际城市经济、

资源、环境和社会的发展状况，是目前测量资源型城市循环经济发展水平较为流行的一种方法（李春花，2009；李俊丽，2013）。

2.2.4 循环经济发展简评

近些年，国外学者对于循环经济的研究方向从宏观转向微观层面，从理论研究转向实践研究。主要从废物回收利用、清洁生产、产业共生及生态工业方面的理论研究，转向研究循环经济与（社区）家庭、社会公众和法律制度之间关系的实证研究。国内学者更多地将循环经济视为一种高级的经济发展模式，从理论内涵、发展路径、运行模式到发展评价都有了较深入的研究，为今后完善循环经济理论打下了坚实的研究基础。根据对现有资料的分析整理，笔者认为接下来国内学者对于循环经济的研究需要解决以下问题：

首先，市场机制及技术创新机制已经被学术界公认为发展循环经济两大主要推动力，但现有文献对于循环经济微观主体（政府、企业、公众）的行为研究仍然不足，主要包括这些主体的类型、特质的分析、其行为模式的构建以及参与循环经济发展的具体路径等问题。其次，对如何综合运用政府行为、市场机制以及社会公众的力量构建具体的循环经济发展机制研究不足，对于保障循环经济发展的政策工具尚未能进行系统化、类型化的研究。

2.3 资源型城市转型中的循环经济研究

2.3.1 资源型城市循环经济发展模式

目前，资源型城市的循环经济发展模式以及企业、政府与社会公众这三个循环经济主体为研究对象，主要是围绕企业、工业园区以及城市这三个空间层面展开。针对不同的资源型城市发展特征，循环经济发展模式各不相同。

袁俊斌（2006）以辽宁省为例，提出"三学统筹（经济学、生态学、环境学）、三经并举（循环经济、知识经济、市场经济）、三流并重（物质流、信息流、能量流）、三 R 同步（减量化、再利用、资源化）"的"三三三三"原则，以及"获取资源的能力、驾驭资源的能力、运用资源的效率、运用资源的效果"的"两能两效"思路为指导的循环经济发展模式。王乐（2011）提出以增加资源为起点，以降低和集约化利用资源为途径，以废弃物的再利用为核心的循环经济发展模式。之后有学者关注于创新对于循环经济发展重要性的研究，揭示出科技、经济和人文动力等因素对于循环经济发展的影响，从而促进资源型城市的循环经济发展模式的更新（周瑜，2012）。张洪敏（2014）从资源产业角度出发，对于煤炭、煤化工、盐化工、有色金属、钢铁、电力、农业七大产业的循环链条分别进行了设计。

目前，虽已有针对资源型城市循环经济模式的研究，但研究对象多为工业园区、企业或者城市层面，仍然缺乏区域尺度上不同资源型城市循环经济模式的研究。

2.3.2 资源型城市循环经济实践路径

2.3.2.1 国外研究

工业革命开始之后，西方发达国家依靠资源消耗而积累起来了丰富的物质财富，但同时在 20 世纪之后各种环境问题也开始频频出现。随着科技不断进步，工业生产对于石油、天然气等新兴化石能源的开发利用不断加强，传统资源产业地区的经济发展逐渐萧条。这些过去因煤炭、钢铁等资源开发而兴起的地区，不得不通过发展循环经济而实现可持续发展。其中尤其以德国的鲁尔区、法国的洛林区最为有名。

（1）德国鲁尔区。德国鲁尔区依靠煤炭资源发展成为世界经济的中心区域。但是随着技术发展，生产要素结构的不断调整，鲁尔区的经济发展动力明显不足。此外，由于煤炭、钢铁产业的长期发展，也造成了鲁尔区生态环境问题严重。20世纪60年代，鲁尔区正式开始转型，通过资源产业的清洁改造，以及引入电子、信息、文化等新兴产业的发展，鲁尔区的经济、社会和环境均得到了长足发展。鲁尔区的转型大致可以分为三个阶段（刘学敏，2010）。

第一阶段为1960~1969年。政府主导调控，重新制定产业结构转型规划和土地利用规划，通过政策扶持和财政补贴等方式，鼓励传统产业的兼并、收购、改组等，同时大力扶持科研院所，并完善地区配套基础设施。

第二阶段为1970~1979年。在巩固第一阶段成效的同时，逐步在当地发展新兴节能产业，同时发挥产业联动优势构建循环产业园区。

第三阶段1980年至今。发挥不同地区的区域优势，培育相对独立的优势产业。

（2）法国洛林区。洛林区位于法国东北部，是法国矿产资源富集区。20世纪40年代之后，依靠钢铁、煤炭等高耗能产业，洛林成为世界知名工业区。随着生产要素结构的改变，洛林地区的不可持续性问题愈发突出。为了帮助洛林实现可持续发展，法国政府自1966年开始，出台一系列政策支持洛林地区转型（曹斐，2011）。

主要措施包括：一是支持山区农业发展，依靠农业资源优势，扶持农副产品精深加工业，增加农业经济效益；二是建立稳定的资金渠道，丰富产业种类，搭建矿区的循环产业网络；三是政策优惠，制定一系列对外开放优惠政策，吸引外资投资；四是解决民生，设立专门就业扶持机构，进行再就业的培训和帮助，同时改善矿工的居住条件；五是开展国际合作，吸引外商投资；六是生态治理，集中整治废旧矿山和受污染的环境，重新恢复地区生态景观。

2.3.2.2 国内研究

目前，资源型城市的政府纷纷大力支持循环经济产业园区的建立，试图通过以点带面、以面带体的方式，打造城市的循环经济生产、分配与消费立体结构，促进城市的可持续转型。现阶段，在中国循环经济从顶层设计到具体操作层面都已经初具规模，比较有代表性的地区有资源型大省——甘肃省、资源型城市——铜陵市、资源型矿区——平煤矿区。

（1）资源型省份——规划先行、区域联动、实现资源优化配置。甘肃是中国的资源大省，由于长期存在的资源产品与下游产品比价扭曲的问题，再加上资源管理体制缺陷，甘肃并未能依靠资源产业实现经济的快速发展。此外，长期粗放式的经济增长方式造成甘肃资源浪费、环境破坏严重，再加上本身处于生态环境的脆弱区，甘肃的可持续发展能力持续降低。因此，甘肃省、市各级政府与企业和民众决定通过选择循环经济转型，将"高污染、高消耗、低产出"的发展模式转变为"低污染、低消耗、高产出"的发展模式，从而实现甘肃的可持续发展。通过以具有一定基础的资源产业为主体，以骨干企业为龙头，以循环产业基地为依托，整合各县市的资源优势，搭建全省域的循环经济产业网络系统。

（2）资源型城市——示范园区引领带动。铜陵市作为典型资源型城市，在循环经济实践方面效果显著。首先，设立循环经济发展办公室，从管理层面完善循环经济的发展体系；其次，制定相关规划、政策和法律法规，从顶层设计对城市的循环经济发展进行引导，利用政策扶持循环经济相关产业的发展，利用法律法规限制违反循环经济要求企业的发展；最后，加强与科研机构合作。最终，通过不断丰富循环经济产业链条，完善铜陵循环经济发展模式，扩大城市品牌效应。

（3）资源矿区——构建产业网络，提高资源使用效率。平煤矿区作为国内首批煤炭行业循环经济试点单位，通过煤炭产业链条的延伸和资源再生产业的培育，建立与煤炭产业相关的循环产业网络，建立生产者、消费者、分解者循环型网络系统，实现废弃物再利用，获得生态、经济和社会的三赢结果，其循环型产业网络见图2-2。

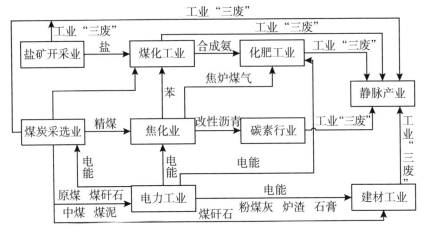

图2-2 平煤矿区循环型产业网络运行

资料来源：卞丽丽：《循环型煤炭矿区发展机制及能值评估》，中国矿业大学博士学位论文，2011年。

2.3.3 资源型城市循环经济发展评价

由于资源型城市类型的多样性，目前仍没有统一的循环经济评价指标体系。徐建中（2008）较早对中国资源型城市循环经济发展的评价体系进行设计，他从经济发展、资源状况、环境质量、社会和谐以及政府管理能力五方面设计出一套3层次30个指标的评价体系，该指标体系较为全面地概括了资源型城市循环经济发展的各个方面，也第一次突出强调了资源产业转型在循环经济发展中的重要性。随着资源型城市循环经济评价研究的深入，越来越多的学者开始关注于不同资源类型、不同发展阶段的资源型城市的循环经济评价指标体系的设计。

以油气型城市循环经济为研究对象，南剑飞（2102）依据可拓学中基元和发散理论建立了其循环经济评价体系的第一层指标，再通过共轭理论建立了第二层指标，形成了一套涵盖循环利用、资源效率、资源消耗、污染减排、环境保护、经济发展、社会因素7个方面共78个指标的庞大指标体系。孙龙涛（2012）对于资源枯竭型城市循环经济评价指标体系进行研究，建立了社会发展、资源减量投入、污染减量排放、资源循环利用和生态环境质量 5 个方面共 28 个指标的评价体系，同样取得了较好的效果。王林珠（2013）对煤炭企业循环经济发展能力进行评价，设计了包含经济增长力、社会责任力、环境保护力、资源循环力、技术创新力和管理协调力在内的 4 个层次共 40 个指标的指标体系。

2.3.4　资源型城市循环经济发展简评

近年来，关于资源型城市循环经济的研究从未停止，为中国资源型城市转型发展提供了大量的理论与实践参考，对这些成果综合整理可以发现以下特点：

2.3.4.1　研究取得了阶段性的成果

目前，学术界也已从复杂生态系统角度对资源型城市循环经济的基本框架、结构、功能、特征等进行了初步探讨。在资源型城市发展过程中，政府已经都够将循环经济发展从理论思想转为实践操作，并设计了相应规划方案。

2.3.4.2　政府、企业与社会公众等发展主体之间仍然存在沟通障碍

由于城市不同主体对于循环经济的理解都存在一定的局限性，再加上城市发展的各种障碍壁垒，造成资源型城市的循环经济发展基本停留在生态工业园区建设、循环产业链条延伸等微观领域层面，缺乏与不同地区经济结构的生态化调整相结合；地方政府对于地区循环经济发展的推动也多围绕在产业链条的横向延伸，而对于静脉产业发展力度仍然不足；多主体之间缺乏有效的信息交流平台，造成循环经济的信息传递不畅。

2.3.4.3　资源型城市循环经济发展趋势

首先，需要分析资源型城市内部不同主体的循环经济发展机理，

并通过不同主体的循环经济的耦合发展，掌握资源型城市的循环经济发展机制；其次，有必要针对资源型城市的资源经济发展方式不同，构建与其相适应的发展模式，通过典型模式带动同一类资源型城市的循环经济发展；最后，完善不同类型的资源型城市评价指标体系，根据城市实际发展特点，设计数据可得性更强的评价指标，从而将资源型城市循环经济评价指标体系应用到城市的实际发展过程中。

2.4　本章小结

本章首先通过对资源型城市的含义、界定和分类等基础概念的梳理，引出资源型城市转型的基本研究，主要包括转型的驱动因素、政策路径转型、产业转型、空间格局与土地利用转型和发展评价的研究五个方面；其次，梳理本书研究的重要理论——循环经济的研究现状，主要从循环经济概念的内涵与外延、实践发展以及评价三个方面进行整理；最后，对于本书的核心研究内容——资源型城市的循环经济发展现状进行分析，从当前的发展模式、实践路径和评价研究三方面，详细梳理了近50年国内外资源型城市的循环经济发展情况，并对当下资源型城市的循环经济发展现状、存在问题以及未来发展趋势进行了简要评述。

第 3 章

资源型城市的转型

　　资源型城市数量众多，覆盖中国大部分地区。资源型城市在新中国成立初期，为国家经济发展做出过巨大贡献，经过半个多世纪的发展，随着国际资源市场动荡起伏，国内能源利用结构不断调整，再加上长期的资源粗放式开采与生产方式的影响，多重因素的相互叠加造成资源型城市可持续发展能力持续下降，城市转型迫在眉睫。本章结合国务院颁布的《全国资源型城市可持续发展规划（2013～2020年）》，根据产业类型，对资源型城市进行分类，构建资源型城市 ERES 发展框架；以当下国内外经济环境为背景，梳理中国资源型城市转型过程中面临的主要制约因素；最后，结合资源型城市的发展现状，论述资源型城市的转型方向。

3.1　资源型城市转型概况

　　国务院颁布的《全国资源型城市可持续发展规划（2013～2020年）》提出：中国拥有资源型城市 262 座，覆盖 28 个省和自治区，其中地级行政区（地级市、地区、自治州、盟等）共 126 座、县级市共 62 座、县（自治县、林区）共 58 座、市辖区（开发区、管理区）共 16 座。

3.1.1 资源型城市的基本情况

中国资源型城市数量众多、种类多样、分布地区广泛。因此，在全书开篇对国务院前期确定的262座资源型城市的分布特征、分类情况以及各类资源型城市的发展现状进行梳理和总结。

《全国资源型城市可持续发展规划（2013~2020年）》确定的262座资源型城市中包括县级市和市辖区等，考虑到其中县城或开发区中，有一部分与地级市重合，因此，本书仅以其中的126座地级行政区为研究城市（见表3-1）。

表3-1　　　　　　　　　中国资源型城市分布

省份	研究对象	省份	研究对象	省份	研究对象
河北	张家口、邢台、承德、唐山、邯郸	福建	南平、龙岩、三明	贵州	六盘水、安顺、毕节、黔南布依族苗族自治州、黔西南布依族苗族自治州
山西	大同、阳泉、长治、晋城、朔州、晋中、运城、忻州、临汾、吕梁	江西	萍乡、新余、赣州、宜春、景德镇	云南	曲靖、昭通、保山、丽江、普洱、临沧、楚雄族自治州
内蒙古	乌海、赤峰、鄂尔多斯、呼伦贝尔、包头	山东	淄博、枣庄、济宁、泰安、东营、莱芜、临沂	陕西	铜川、咸阳、榆林、延安、宝鸡、渭南
辽宁	阜新、抚顺、鞍山、本溪、盘锦、葫芦岛	河南	洛阳、平顶山、鹤壁、焦作、南阳、濮阳、三门峡	甘肃	金昌、张掖、庆阳、白银、武威、陇南、平凉
吉林	辽源、白山、吉林、松原、通化、延边朝鲜族自治州	湖北	黄石、鄂州	青海	海西蒙古族藏族自治州

续表

省份	研究对象	省份	研究对象	省份	研究对象
黑龙江	鸡西、鹤岗、双鸭山、七台河、大庆、伊春、牡丹江、黑河、大兴安岭地区	湖南	衡阳、邵阳、娄底、郴州	宁夏	石嘴山
江苏	徐州、宿迁	广东	韶关、云浮	新疆	克拉玛依、巴音郭楞蒙古自治州、阿勒泰地区
浙江	湖州	广西	百色、河池、贺州		
安徽	淮南、淮北、宿州、亳州、池州、马鞍山、铜陵、滁州、宣城	四川	泸州、广元、广安、达州、攀枝花、自贡、雅安、南充、阿坝藏族羌族自治州、凉山彝族自治州		

资料来源:《国务院关于印发〈全国资源型城市可持续发展规划(2013～2020年)〉的通知》,2013年11月12日。

由于不同类型的资源在形成与演变过程中,对于水文、土壤、气候等自然条件的要求不同,从而造成中国资源分布极不均衡的现象。由表3-1可以看出,中国资源型城市空间分布整体呈现"南部稀疏、北部丰富、东部贫乏、西部密集"的特征;从省份来看,资源型城市多分布于中国的黑龙江、吉林、辽宁、山西、陕西、内蒙古、河南、四川、安徽等地,而海南、西藏则没有资源型城市。

结合前人对于资源型城市的分类(胡魁,2002;张文忠,2014)、资源型城市当下资源产业发展的实际特点以及资源优势这三条标准,本书将资源型城市划分为典型的六类:一是以煤炭开采加工为产业依托的煤炭型城市;二是以油气开发加工为产业依托的油气型城市;三是以铁矿石开采、炼造为产业依托的钢铁型城市;四是以铜、锌、铝等有色金属和贵金属开采、冶炼为产业依托的金属型城市;五是以磷、高岭土、石膏、芒硝等非金属矿业开采制造为产业依

托的非金属型城市；六是以林木采伐与加工为产业依托的森工型
城市。

3.1.2 资源型城市的分类特征

3.1.2.1 煤炭资源型城市

结合前人对于煤炭资源型城市的划分，本书认为目前中国共有地
级行政区级别的煤炭资源型城市 59 座，占据地级以上资源型城市的
47%，覆盖中国 19 个省份，具体分布情况详见表 3-2。从地理分布
上看，中国煤炭型城市主要集中于东北、西北、中部以及西南地区，
其中，尤以东北地区、山西省和西北地区的煤炭型城市分布最为
密集。

表 3-2 　　　　　　　　中国煤炭资源型城市分布

省份	城市名称	数量
黑龙江	鹤岗、双鸭山、七台河、鸡西	4
吉林	辽源	1
辽宁	阜新、抚顺	2
内蒙古	乌海、赤峰、呼伦贝尔、鄂尔多斯	4
河北	承德、张家口、邢台	3
山西	大同、朔州、阳泉、长治、晋城、忻州、晋中、运城、吕梁、临汾	10
河南	焦作、鹤壁、平顶山、洛阳	4
山东	淄博、泰安、枣庄、济宁	4
江苏	徐州	1
浙江	湖州	1
安徽	宿州、淮北、亳州、淮南	4
江西	萍乡	1

省份	城市名称	数量
湖南	衡阳、邵阳、娄底	3
四川	广元、达州、广安、泸州	4
贵州	六盘水、安顺、毕节、黔南布依族苗族自治州、黔西南布依族苗族自治州	5
云南	曲靖、昭通	2
陕西	铜川、咸阳、榆林	3
甘肃	张掖、平凉	2
宁夏	石嘴山	1
小计		59

　　东北地区、内蒙古、山西和陕西是中国的产煤大省，也是煤炭资源型城市分布最为集中的地区之一。以山西省为例，作为中国的能源重化工基地，山西省含煤面积占其国土面积的 36.3%。全省共有大同、朔州、长治、临汾等共 10 个地级煤炭资源型城市，共 118 个县级行政区中 94 个县地下有煤，91 个县有煤矿，山西省原煤产量占能源总产量的 99% 左右（陈桂月，2013）。辽宁省阜新市是新中国最早建立的煤电之城，经过近半个世纪的发展，随着资源开采难度的加大、生产成本的升高，阜新市的煤炭产业逐渐衰落，被国务院列为第一批资源枯竭型城市，同时也被列为资源型城市经济转型试点城市。国家发展和改革委员会于 2009 年公布的第二批 32 座资源枯竭型城市名单中，共有地级市 9 座，其中，包括枣庄、淮北、七台河、抚顺、铜川 5 座煤炭型城市。

　　2004 年 6 月，国务院颁布《能源中长期发展规划纲要（2004～2020 年）》，该规划提出了坚持以煤炭为主体、电力为中心、油气和新能源全面发展的能源战略，同时确认煤炭在今后较长的一段时间仍然为中国能源利用结构主体的地位。从中国煤炭 1999～2013 年的消耗总量来看（见表 3-3），煤炭在未来较长一段时间仍然是中国的能源消耗主要矿石资源。按照中国目前能源利用结构情况看，处于成长期的煤炭资源型城市依然存在一定的发展空间。但从长计议，全球能源结构调整不断深化、产业能源利用转型趋势明显、新能源开发与产业化进程加速，一系列改革导致煤炭资源价格持续走低，若煤炭型城市仍然坚持依靠传统的煤炭开采和初级加工发展经济，那么城市经济结构将更加脆弱，严重阻碍城市实现可持续发展目标，因此，煤炭型城市的转型在所难免。

表 3 – 3　　　　　中国历年不同能源消耗分布　　　单位：%

年份	原煤	原油	天然气	其他（水电、核电）	水电	核电
1999	70.6	21.5	2.0	5.9	5.5	0.4
2000	68.5	22.0	2.2	7.3	5.7	0.4
2001	68.0	21.2	2.4	8.4	6.7	0.4
2002	68.5	21.0	2.3	8.2	6.3	0.5
2003	70.2	20.1	2.3	7.4	5.3	0.8
2004	70.2	19.9	2.3	7.6	5.5	0.8
2005	72.4	17.8	2.4	7.4	5.4	0.7
2006	72.4	17.5	2.7	7.4	5.4	0.7
2007	72.5	17.0	3.0	7.5	5.4	0.7
2008	71.5	16.7	3.4	8.4	6.1	0.7
2009	71.6	16.4	3.5	8.5	6.0	0.7
2010	69.2	17.4	4.0	9.4	6.4	0.7
2011	70.2	16.8	4.6	8.4	5.7	0.7
2012	68.5	17.0	4.8	9.7	6.8	0.8
2013	67.4	17.1	5.3	10.2	6.9	0.8

资料来源：国家统计局能源司：《中国能源统计年鉴（2014 年）》，中国统计出版社 2015 年版。

3.1.2.2　油气资源型城市

油气资源型城市是以石油和天然气资源的开发加工而兴起的一类

矿业城市类型。中国油气型城市数量相对较少，筛选后的中国油气型城市共12座，分布于9个省份（如表3-4所示），可以概括为"南少北多、东少西多、中部零星分布"的特点，主要分布在西南地区的四川盆地西北部，西北的陕西、甘肃、新疆三省区，中国东北以及中东部的河南和山东。

表3-4 　　　　　　　　中国油气资源型城市分布省市

省份	城市名称	数量
黑龙江	大庆	1
吉林	松原、吉林	2
辽宁	盘锦	1
山东	东营	1
河南	濮阳、南阳	2
四川	南充	1
陕西	延安	1
甘肃	庆阳	1
新疆	克拉玛依、巴音郭楞蒙古自治州	2
小计		12

中国油气资源型城市基本建立在20世纪50年代之后，多属于先建厂后设市的情况，属于高度计划经济体制下的产物。在新中国成立初期，为了满足中国工业起步阶段对于能源的需求，国家对油气资源勘探开发采取了超常规、超高速的发展模式，在短期内汇集了高密度人流、物流、技术流，形成了集油气资源勘探、开采、加工于一体的大型生产基地，随后服务于生产活动的各项生活配套设施相继完善，一个个庞大的集生产生活于一体的油气产业园区逐渐形成，这是大多油气型城市形成的雏形。以新疆的克拉玛依市为例，克拉玛依因新中国成立后勘探出的第一个大油田而逐渐兴盛，目前，克拉玛依已经成为世界石油石化产业聚集区之一，2014年克拉玛依人均生产总值达到22.33万元人民币，折合3.64万美元，成为中国大陆人均生产总

值最高的地级市①。

随着油气资源开发力度不断加大，作为不可再生资源，油气资源也面临耗竭的困境。以大庆市为例，大庆油田实际储量预计开采12年左右，但40年后的今天大庆仍然是中国重要的能源化工基地，这得益于大庆自身的区位优势，以及长期石油开采加工所累积的规模效应。在国家能源布局调控下，大庆通过与俄罗斯远东地区进行油气资源贸易，使其稳固成为中国能源储备基地。但是，像濮阳、南充这种油气型城市，资源经过多年的高强度开发，自身又并不具备区位优势，如何在资源枯竭与经济可持续发展中找到新的产业支撑点，如何将多年累积的资源经验转化为实际的经济价值成为地区当下发展的重大问题；另外，即使是克拉玛依、大庆这种拥有丰富油气资源的城市，在中国能源结构持续调整、新能源比例不断上升的背景之下，如何保持地区经济的可持续性增长也同样是地方政府应该高度关注的问题。

3.1.2.3 钢铁资源型城市

钢铁型城市也称黑色冶金城市，它是在铁矿资源开发基础上形成的一类以钢铁冶炼、铸造、产品加工为主导产业的城市。钢铁工业作为国家基础工业，是中国工业发展的增长极之一。在中国"一五"和"二五"期间重点建设了一批重要的钢铁工业基地，由此形成了一批因铁矿资源开发而立、因钢铁生产而兴的钢铁工业城市，包头、鞍山、马鞍山都是在这时期发展并壮大起来。这类城市在中国主要分布在东北、华北以及中部地区，共11座（如表3-5所示）。

表3-5　　　　　　　中国钢铁资源型城市分布

省份	城市名称	数量
吉林	通化	1
辽宁	鞍山、本溪	2

① 《克拉玛依统计年鉴（2015）》。

续表

省份	城市名称	数量
内蒙古	包头	1
河北	唐山、邯郸	2
安徽	马鞍山	1
山东	莱芜	1
湖北	鄂州	1
四川	攀枝花	1
江西	新余	1
小计		11

随着中国经济发展进入新常态,固定资产投资、房地产开发、船坞制造等对于钢材需求量大的行业增速放缓,钢铁型城市可持续发展困难加剧:(1)产能过剩,资源浪费严重。随着中国经济增长对于钢材需求的依赖性逐渐下降,钢材消费持续疲软,钢铁行业产能过剩的现象愈发突出。对钢铁行业的产能利用率进行分析发现,产能利用率2006年为89.1%,2007~2011年保持在80%左右(79.5%~81.3%),总体上处于合理水平,但2012年之后产能利用率明显下降,产能过剩问题开始显现,2012~2014年,中国粗钢产能分别为10×10^8吨、10.4×10^8吨和11×10^8吨,粗钢产量分别为7.2×10^8吨、7.79×10^8吨和8.23×10^8吨,产能利用率分别为72%、74.9%和74.8%,而产能利用低于75%被称为产能过剩(苗长兴,2015)。(2)价格持续下滑,企业入不敷出。产能过剩、市场供大于求直接导致钢铁价格暴跌,2011~2015年的钢铁价格如图3-1所示,钢材综合价格自2011年高位的5400元左右,已经降至2015年底的2000元,降幅达70%。(3)环境污染严重。钢铁工业属于高投入、高耗能、高污染的重工业,城市污染极其严重。2015年环保部公布的中国空气质量最差的10个城市中,河北省的钢铁型城市唐山、邯郸全部在列。持续的产业污染不仅严重影响城市居民的生存安全,破坏城市形象,也会阻碍城市接替产业的发展,加大了城市的转型难度。

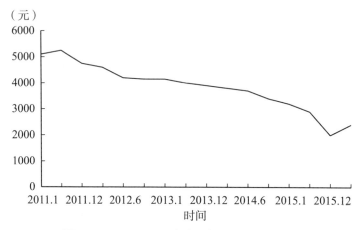

图 3 - 1   2011～2015 年中国钢材综合价格趋势

资料来源：《中国钢材综合价格趋势》，http：//www. zhb. gov. cn/gkml/hbb/qt/201612/t20161213_368996. htm。

如何在经济新常态下重塑钢铁型城市新形象，如何通过市场"倒逼机制"提高行业生产效率，如何避免同质化竞争、实施兼并重组，如何培育和扶植接替产业，如何改善城市环境、提高人民生活水平，如何实现生产技术与体制机制的双重升级，这些问题都成为未来钢铁型城市发展中亟待解决的问题。

3.1.2.4   金属资源型城市

金属资源型城市是指以有色金属的开采、冶炼和压延以及金属产品制造为主导产业的城市，本书所指的有色金属既包括铜、铝、镍、锌等资源，也包括金、银、钼等贵金属。中国共有金属型城市 25 座（如表 3 -6 所示），总体呈现"北少南多、东少西多"的分布特征，主要集中在西北地区的甘肃、陕西、新疆，西南地区的云贵高原，长江中下游的湖北、湖南、安徽，以及中国东南地区的广东省和广西壮族自治区。随着工业化以及科学技术的不断发展，有色金属逐渐成为我国重要的生产资料之一，金属型城市在此期间也得到飞速发展。2003年，我国有色金属的生产量位居世界第一，达到 1228. 1 ×10⁴ 吨，截至2010 年，其生产量达到 3121 ×10⁴ 吨，中国连续 8 年领先于其他国家。

表 3−6　　　　　中国有色金属资源型城市分布

省份	城市名称	数量
辽宁	葫芦岛	1
河南	三门峡	1
安徽	铜陵、池州	2
湖北	黄石	1
湖南	郴州	1
福建	龙岩、南平	2
广东	韶关	1
江西	赣州、宜春	2
广西	河池、百色	2
四川	阿坝藏族羌族自治州、凉山彝族自治州	2
云南	保山、普洱、临沧、楚雄彝族自治州	4
陕西	宝鸡、渭南	2
甘肃	白银、金昌、陇南	3
新疆	阿勒泰地区	1
小计		25

　　铜陵市是伴随着铜矿产资源开采与冶炼而发展起来的最早的一批中国金属资源型城市之一。经过半个世纪的粗放式发展，铜陵进入资源枯竭期，铜矿储量与品相急剧下降，开采与加工难度逐渐加大。同时，长期开山挖矿以及铜冶炼也造成铜陵生态破坏严重、环境质量恶化，城市转型刻不容缓。2005 年，铜陵被国务院列为国家首批循环经济试点市，自此以铜产业为基础，通过横向延伸和纵向扩展产业链条，增加铜产品附加值，同时大力推进滨江等循环经济园区建设，兴建了一批循环经济项目，资源综合利用率不断提高，城市经济结构逐渐完善。

　　铜陵的循环经济发展为中国其他金属型城市转型起到了积极示范作用。但总的来说，目前中国金属型城市仍然多停留在金属的开采与初级加工阶段，有色金属压延与制造的产业链条延伸度不够、生产工艺相对落后、生产效率仍然较低、资源回收利用体系不健全，导致巨大的生产能力并未能给金属型城市带来丰厚的利润，2010 年有色金属产业销售利润率仅为 4.8%（孙麟，2012）。有色金属产业利润空间狭小、抗风险能力弱、受市场影响变化幅度大的发展特点降低了金属型城市的可持续发展能力，金属型城市的转型也是今后城市发展的必行之路。

3.1.2.5 非金属资源型城市

非金属资源型城市是指以非金属矿产，主要包括化工矿产（硫、磷、钾、硼、钠盐等）和建材（水泥原料、玻璃原料、高岭土、石膏等）及其他（萤石、重晶石等）非金属资源的开采、提炼、加工等为主导产业的一类资源型城市。非金属资源种类繁多、覆盖中国多地（如表 3 - 7 所示）。

表 3 - 7　　　　　　　中国非金属资源型城市分布省市

省份	城市名称	数量
江苏	宿迁	1
安徽	滁州、宣城	2
山东	临沂	1
广东	云浮	1
广西	贺州	1
江西	景德镇	1
四川	雅安、自贡	2
青海	海西蒙古族藏族自治州	1
甘肃	武威	1
小计		11

目前，在中国已发现的 91 种非金属矿产中，涵盖了化工、冶金、建材等多种产业的原材料矿产资源。但是以高密度集中出现，并将非金属资源的开采和加工作为主导产业的城市相对较少，共有 12 座城市，主要分布于中国中东部以及云贵高原的部分省份。

随着新中国成立至今，中国非金属资源的开采与加工利用已经形成了一套较为完整的采、选、加工、制品工业体系，目前已经形成了集矿产勘查开发、矿品初—深加工、非金属产品国内外贸易一条龙的完整产业链，非金属型城市的产业结构也在此期间逐步完善。但总体而言，目前中国非金属工业发展仍然相对落后，在全球非金属市场份额仍然较小，非金属矿产深加工技术与产业化发展较工业发达地区仍然存在较大差距。集中体现在：（1）中国非金属矿产的人均占有量仅为世界平均水平的59%（林小燕，2013）；（2）矿产分布零散，难以形成大规模企业，目前中国探明的非金属矿床以中小型居多，且地域分布相对分散；（3）非金属深加工产业发展不足，由于非金属企业研发投入有限，非金属矿深加工产品在非金属矿业中的比重仍然较小，中国仍然缺少对国家经济产生重要影响的非金属精深加工产业。由于目前非金属产品的经济带动效益仍然有限，直接导致了非金属城市的经济发展缺乏后续动力，经济转型缺乏资金支持，城市支柱产业不明确，替代产业发展缓慢的现象。

3.1.2.6 森工资源型城市

森工型城市作为一类典型资源型城市，与上文提到的矿产类资源型城市有所不同。森工型城市利用的是可再生资源——林木，是将森林中木材的开采加工作为经济发展主导产业的一类资源型城市。东北、西南和南方林区是中国重要的三大林区，但是森工型城市主要集中于中国的东北地区，其中尤其以黑龙江省居多。本书确定的中国 8 座森工型城市中有 4 座位于黑龙江省，占到中国森工型城市的 50%（如表 3-8 所示）。

表 3-8　　　　　　　　中国森工资源型城市分布

省份	城市名称	数量
黑龙江	黑河、伊春、牡丹江、大兴安岭地区	4
吉林	白山、延边朝鲜族自治州	2
福建	三明	1
云南	丽江	1
小计		8

20世纪50年代，为了满足中国经济发展的需求，森林资源作为出口产品被超常规开采，随之形成了一批计划经济体制下的资源型城市——森工型城市。由于过度开采导致了森林资源的大幅下降，森林资源逐渐枯竭。进入80年代后期，国家开始控制性地开采林木资源，森工产业集聚萎缩，过去林场的工人大批下岗，此外，森工产业的经济效益相对较低，城市的区位优势较差等一系列困境叠加，造成森工型城市经济发展困难、城市化建设滞后、职工收入水平偏低、人民生活水平长期没有改善，城市的转型压力巨大。

森工型城市的逐渐枯竭并不代表当地森林资源的枯竭，而是中国产业转型、能源结构升级的体现，国家经济发展已经不再需要依靠初级的林木资源贸易。此外，全社会对于生态环境保护意识加强了林木资源的保护力度。这种经济发展与思想意识的转变对于深处大山深处的森工型城市来说增加了城市经济发展的难度，城市转型任务艰巨。

3.1.3 资源型城市发展框架

资源型城市同一般型城市相比，对资源的依赖更加强烈，于是本书将资源从环境系统剥离，独立出一套资源子系统，平行其他子系统。

3.1.3.1 资源型城市ERES模型

资源型城市是由经济（Economy）、资源（Resource）、环境（Environment）、社会（Society）四个子系统共同构成的复杂人工巨系统，简称资源型城市ERES系统。

资源型城市ERES系统的概念模型可以描述为：

$$\begin{cases} C = \{A, R_a, t\} \\ A = \{E, R, E, S\} \\ \{e_i, u_i, f_i\} \in a_i (i = 1, 2, 3, 4) \end{cases} \quad (3-1)$$

式中，C表示资源型城市生态经济系统；A表示经济、资源、环境、社会四大子系统集合；R_a 为 C 系统中的关系集合；e_i，u_i，f_i 分别为四个子系统的要素、结构、功能，反映出四个子系统之间相互独立又相互依存的状态；a_i 表示集合 A 的元素；t 表示时间因子，用以描述资源型城市动态演化性。

3.1.3.2 资源型城市 ERES 组成

资源型城市 ERES 系统包括经济、社会、资源和环境四个子系统，它们之间相互联系，通过物质、能量、资本、价值和信息等各种要素的流动，驱动整个资源型城市系统动态变化。图 3-2 反映出资源型城市 ERES 系统的总体性框架结构。

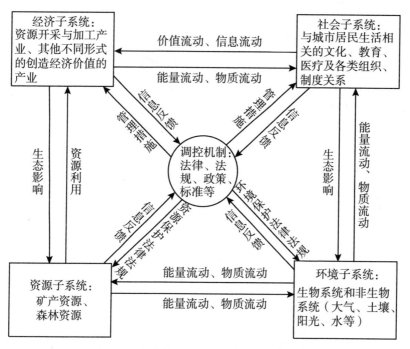

图 3-2　资源型城市 ERES 系统总体性框架结构

（1）经济子系统。经济子系统指资源型城市社会生产活动过程中利用自然界所提供的各种物质和能量进行生产、交换、分配、消费，最终由各个经济元素相互联系和相互作用形成的有机整体。开采加工业是资源型城市的主导产业，是资源型城市发展的推动力，ERES 系统中，经济子系统的主要功能包括价值创造、资源转化和信息集散，其中物质财富和经济的增长是 ERES 系统运行发展的内生动力。

（2）资源子系统。资源子系统是资源型城市形成和发展基础，是资源型城市经济发展的主要物质供给。因此，本书将资源系统脱离于环境系统之外，单独作为一个系统与经济、环境和社会三项子系统并列构成资源型城市 ERES 系统。资源系统包含被人类社会开发利用的所有资源的相关产权、条例等资源实体和资源管理制度等。这里所指的资源主要是矿产资源和森林资源。

（3）环境子系统。环境子系统是环境各要素及其相互关系的总和。在资源型城市 ERES 系统中，环境系统包括生物系统与非生物系统，而生物系统主要指动物和人工培育的生物群体，非生物系统主要指大气、水体、土壤、岩石等。值得注意的是，非生物系统中的资源系统（矿产资源和森林资源）不在资源型城市 ERES 的环境子系统中，由于资源型城市资源使用的特殊性，因此本书将其单独列为一个系统。

（4）社会子系统。社会子系统是人类按照一定的行为规范、经济关系和社会制度而结成的有机总体，既是经济系统的承载者也是经济系统的推动者。前文提到资源型城市可以分为先有城后有矿和先有矿后有城两类。不论哪种类型的资源型城市，社会子系统早期都因资源产业的发展而发生巨变。早期社会系统主要为资源企业工作的工人及其家属建立配套的基础生活服务设施，之后，系统扩充到在采矿与矿产加工过程中逐渐形成的相关资源科技、资源文化、资源管理、资源法律法规等社会结构和制度关系。在资源型城市 ERES 系统中，社会子系统的行为功能主要通过人口素质与规模、社会进步程度和城市化水平等指标体现。

3.2　资源型城市转型制约因素

资源型城市长期在"计划经济"的体制指导下发展，多年积累的不可持续问题愈发突出，城市转型也遭遇到一系列制约因素的阻碍。

3.2.1　沉淀成本制约

资源型城市的沉淀成本由城市发展所形成的经济沉淀成本和社会沉淀成本两方面共同组成，长期的成本累计造成资源型城市转型负担沉重，阻力巨大。

3.2.1.1　经济沉淀成本

经济沉淀成本指的是资源型城市在城市发展中对于城市产业、基础设施、资源环境等方面进行投资所产生的经济成本，主要表现在以下两个方面：

（1）固定资产成本巨大。资源型城市在建设初期，资源产业发展的特殊性要求投入大量的资金进行厂房、机器设备等硬环境投资，这种固定资产投资的特点是前期投资巨大、专项性强、转移性难，一旦建成便难以搬迁，同时经济沉淀成本开始不断累积，当投资转变为专用型资产投资时，经济型沉淀成本的累积就更加显著。

此外，由于资源形成过程对于自然环境条件由严格的要求，导致资源型城市多建立在自然地理条件偏僻的山区或荒漠之中，在城市建立初期，城市基础设施、企业职工生活配套设施投资耗资巨大，不论是当地政府或是资源型企业同样为此付出巨大的建设成本，这在另一方面增加了资源型城市的经济沉淀成本。

（2）资源型企业负债严重。资源型城市的转型需要对资源型产业升级改造，扶持新型产业的发展。而国有资源企业多肩负整个城市的经济命脉，一旦转型涉及面广、影响巨大、负担沉重。国有企业长期向国有银行贷款发展，由此形成了利益共同体，若国有企业的负债额达到一定数量或者破产，同时会导致商业银行的倒闭，因此银行会通过再贷款的方式帮助国有企业生存。以山西省国有煤炭企业为例，七大国有煤炭集团公司发布的 2016 年上半年财务信息显示，截至 2016 年上半年，七大煤炭集团的负债总额达到 11986.70 亿元，略低于第一季度的 12025.67 亿元，但仍高于 2015 年末的 11884.92 亿元（见表 3 - 9）。这种恶性循环的保护方式直接造成资源产业无法退出，非资源产业接续困难，这是经济沉淀成本累计的另一种方式。

表 3 - 9　　　　山西省七大煤炭集团资产负债总额表　　　单位：亿元

集团名称	负债总额期末余额		
	2016 年上半年	2016 年第一季度	2015 年末
山西焦煤	2107.08	2070.10	2055.79
同煤集团	2234.24	2274.77	2192.09
潞安集团	1605.28	1604.90	1603.74
阳煤集团	1755.00	1761.00	1765.00
晋煤集团	1769.32	1778.02	1751.49
晋能集团	1838.45	1819.84	1808.56
山煤集团	677.33	717.04	708.25
总计	11986.70	12025.67	11884.92

资料来源：山西省七大煤炭集团上半年全部亏损　负债总额 1.19 万亿，http：//finance. sina. com. cn/chanjing/2016 - 09 - 02/doc - ifxvqcts9247557. shtml。

3.2.1.2　社会沉淀成本

资源型城市转型的最主要阻力来自既得利益者，这是资源型城市转型的主要障碍之一，这其中包括政府、资源企业的管理者，甚至包括企业员工。

（1）资源型政府制约。中国大型资源企业多为国有企业，更有企业办社会的传统体制，政府与企业的概念模糊，企业领导常在政府中担任要职，企业的存亡关系到领导的政绩与利益，因此政府领导多会极力保护企业的发展，阻碍其退出市场。

（2）企业高层制约。收入分配制度的不均衡导致的直接后果就是不论国有企业效益再差，企业高层领导都可以从最小的企业盈利中获得最大的利润分红，但企业一旦改造升级，体制由国企改民企，盈亏自付后，收入的高低也无从保障，这种不确定性也会阻碍长期依赖国家财政发工资的企业高管的转型积极性。

（3）企业员工制约。企业员工是资源企业的细胞，企业的兴盛存亡与其关系密切。对于大型国有企业里的员工而言，国有企业的生产生活方式自成一个社会小系统，造成员工"铁饭碗"的思想根深蒂固，缺乏竞争与创新的精神，一旦企业倒闭退出，职工失去生活来源以及相配套的社会福利，也很难重新融入社会。

因此，不论地方政府、企业管理者抑或企业员工都从各方面阻碍企业转型，对接续产业的发展形成"挤出效应"，直接导致了资源型城市社会沉成本的产生。

3.2.2 资本制约

资源型城市的可持续发展主要通过企业改造、产业转型和社会升级三方面共同实现。其中对于资源企业来说，体现在生产技术的提高与生产要素的高效利用；对于资源产业来说，体现在产业多元化与主导产业的去自然资源化；对于社会来说，体现在绿色生产与绿色消费的社会经济活动的各方面。结合上节分析的资源型城市发展现状不难发现，实现资源型城市的转型面临着来自金融资本、技术资本、自然资本的巨大挑战。

3.2.2.1 金融资本缺乏

（1）企业缺乏改造资金。在资源企业进行升级改造的过程中，前期的技术研发是企业转型升级的关键环节，需要大量资金支持，此后企业还需要对生产、运输、销售、废弃物管理等各个环节进行升级改造，这些环节的升级需要大量资本支持。而从企业自有资金来看，资源型城市特别是枯竭城市中的资源企业，运营成本增加，负债累累，职工工资保障困难，根本无力转型，如前表3－9所示。

（2）产业转型缺乏金融支持。产业转型的先决条件便是资源型企业的转型，因此产业转型仍然需要充足金融资本支持。一般情况下产业转型的资金主要来自上级部门专项资金支持以及国外资金直接投资，目前，上级部门对于产业转型的专项资金支持仍然较少，使用也相对分散，造成产业转型效果有限。此外，国外资本投资受到城市人口、地理位置、技术人才、城市管理和发展水平等方面的影响，对资源型城市直接投资效果较弱，对于产业升级转型并未能起到决定性影响。

（3）社会升级缺乏经济保障。资源型城市经济发展对于资源的依赖同样造成社会保障体系对于资源的依赖，职工社会福利、城市基础设施建设的增减紧紧围绕资源企业效益的高低。而目前随着国内外经济环境的错综复杂，资源价格与资源需求量波动幅度巨大，资源企业的经济效益起伏巨大，城市经济增长水平受到显著影响。这直接反映在地方财政收入的减少，表3－10反映了近年来中国部分城市的财政收入增长率变化情况。由于受到全球经济危机的影响，中国各地的财政收入都有所放缓，但是相较于中国平均水平和发达城市财政收入增长率的变化情况，资源型城市在2015年的财政收入持续下降，甚至出现负增长，尤其以煤炭型城市问题最为严重。而财政收入又是支持城市发展和转型的重要资金来源，这无疑增加了资源型城市的转型难度。

表 3 - 10　　　　中国部分城市财政增长率变化情况　　　　单位：%

财政收入增长率	2006年	2007年	2008年	2009年	2010年	2011年	2012年	2013年	2014年	2015年	2016年	2017年	2018年
中国平均	22.5	32.4	19.5	11.7	21.3	25	12.9	10.2	8.6	8.47	4.5	7.4	6.2
北京	22.68	52.30	21.25	17.38	42.26	14.38	4.92	21.70	29.62	12.3	7.5	6.8	6.5
上海	11.6	31.4	13.3	7.7	13.1	19.4	9.2	9.8	11.6	13.3	16.1	9.1	7
杭州	19.91	26.25	15.49	11.96	22.17	19.55	9.33	6.58	10.67	11	14	10.3	14.5
大同	21.23	23.81	31.43	-1.12	14.48	17.22	17.55	5.21	-53.95	-12	-3.78	21.82	10.5
晋城	28.10	22.22	17.20	20.31	12.55	18.65	17.43	4.58	-7.14	-7.1	-12.2	27.8	23.61
马鞍山	14.14	27.95	20.52	11.01	14.46	33.11	13.01	7.32	-10.30	3.6	6.1	10.1	10.3
铜陵	47.36	40.64	37.75	1.16	26.52	30.45	10.07	2.25	1.61	2.1	5	9.1	7.6
临汾	36.42	18.03	15.00	16.09	19.90	18.12	24.32	6.65	0.09	-25.4	-2.5	12.9	29.78
鄂尔多斯	56.26	37.68	31.97	38.02	47.15	47.97	2.95	4.31	-0.90	3.7	1.1	5.1	21.5
榆林	33.54	43.95	35.64	33.62	39.25	24.28	-3.57	1.29	-5.49	-5.5	-23.7	51.6	24.7

3.2.2.2　技术资本投入有限

资源型城市的转型需要技术资本支持，技术资本主要通过知识创新资本与人力资本体现。

（1）知识创新资本困境。对于当前的资源型城市，面临着来自知识创新资本的两种限制：一种是知识创新投入不足，上文提到过技术创新需要金融资本支撑，资源型产业发展受阻造成资源型城市经济不景气，下至企业上至政府无力支持新技术研发，阻碍资源型城市转型发展；另一种是知识创新成果经济效益不明显。由于城市的特殊性，资源型城市经过长期发展，在资源的开采加工、生产利用、销售运输等各个环节的技术层面已经有了较为成熟的知识构建，但正是高度的专业化特点造成已有研发成果外溢作用受限、技术扩散受到抑制

（尹牧，2011）。

（2）人力资本缺陷。资源型城市的转型实质就是产业多元化和主导产业去自然资源化过程，主要由原有资源型产业的横向扩展与纵向延伸，或是新兴产业的培植来实现。无论是哪种方式，都需要充足的人力资本的投入。然而，目前资源型城市人力资本问题突出，主要反映在人力资本存量结构矛盾突出、人力资源对传统资源依赖心理严重、人力资本投资不足等。人是城市发展的直接推动者也是受益者，多种人力问题的叠加严重制约资源型的可持续发展。

3.2.2.3 自然资本日益缩减

自然资本是指在一定的时间和技术条件下，经过人们的开发、加工、利用，能够产生经济价值的自然环境要素的总称。本书所指的资源型城市自然资本既涵盖为生产生活提供空间与承载的土地、水、空气等，也指直接投入生产为人类创造财富的石油、煤炭、森林等资源。目前，中国资源型城市面临着资源储量和品相减少以及资源消耗严重两方面的威胁。

（1）资源储量减少、品相下降、人均占有量少、开采难度加大。国家正式公布的262座资源型城市中，资源枯竭的城市达到67座，资源再生型城市达到23座，由于资源枯竭而被迫面临转型的城市已经达到全部资源型城市的34%左右。以人均资源占有量来看，中国的大多资源都低于世界平均水平（如图3-3所示），中国化石能源资源探明储量超过90%都为煤炭，但煤炭的人均储量也仅为世界的1/2。同时，中国资源型城市经过长期发展，自然资源均有不同程度消耗，这些资源型城市若未能及时找到替代资源，或是研发出提高资源使用效率的技术，在非资源产业并未发展成熟的情况下，资源产业一旦衰落，城市经济发展将失去动力。

（2）资源利用率低与能源消耗产出力有限间接造成资源浪费。长期的资源依赖发展方式造成了资源型城市粗放式的能源利用结构，从而进一步加剧了资源浪费的现状。根据有关部门统计，目前中国采矿回收率铁矿为60%，有色金属矿为50%～60%，非金属矿为20%～60%，煤矿仅为30%，全国矿产资源平均开发利用总回收率只有30%～50%，比发达国家水平低20%左右，能源矿产资源总利用率仅为20%～30%（张文忠，2014），一半甚至更高比例的资源未得到充足利用，造成资源产出率低，经济效益始终无法提高。

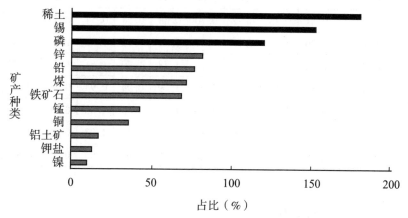

图3-3　中国资源储量与世界平均水平对比

资料来源：张文忠、余建辉、王岱等：《中国资源型城市可持续发展研究》，科学出版社2014年版。

随着国家能源利用结构的调整和各项环保制度、资源使用机制的健全，资源型城市的资源利用集约化程度显著提高，但是总体来说，资源型城市的能源生产效率提升空间仍然巨大。纵观2006～2014年中国部分城市与资源型城市的单位GDP能源消耗情况（如表3-11所示），各城市的单位GDP能源消耗均呈下降趋势，但是资源型城市由于经济发展长期依赖资源工业，导致城市发展对于能源的消耗在现阶段仍然普遍高于中国平均水平，其中尤其以金属型城市和钢铁型城市的经济发展对于能源消耗的依赖性最强，未来的节能减排任务艰巨。

表 3 – 11 　　　　中国部分城市单位 GDP 能源消耗变化情况

单位：吨标准煤/万元

GDP 能源消耗	2006 年	2007 年	2008 年	2009 年	2010 年	2011 年	2012 年	2013 年	2014 年
中国平均	1.37	1.30	1.22	1.17	1.14	0.88	0.86	0.83	0.80
北京	0.75	0.70	0.64	0.61	0.58	0.46	0.44	0.38	0.36
重庆	1.12	1.15	0.87	0.88	0.89	0.81	0.68	0.64	0.60
杭州	0.81	0.75	0.72	0.70	0.68	0.58	0.54	0.52	0.48
大庆	2.36	2.09	1.73	1.87	1.41	1.36	1.02	1.04	1.09
马鞍山	2.52	2.41	2.31	2.18	1.78	1.70	1.61	1.51	1.25
铜陵	2.51	1.97	1.74	1.55	1.09	0.94	0.94	0.91	0.91
三门峡	1.79	1.80	1.64	1.53	1.49	1.09	1.00	0.96	0.95
焦作	4.10	2.11	1.99	1.88	1.15	1.10	1.03	0.98	0.93
鄂尔多斯	2.08	1.93	1.81	1.68	1.59	0.99	0.95	0.85	0.81

3.2.3　体制制约

体制是保障社会经济系统正常运行的顶层保障，合理的体制能够促进一个地区的经济社会发展，反之，则会成为阻碍地区发展的壁垒与"瓶颈"。中国资源型城市大多建立在新中国成立初期，是计划经济的产物，体制约束成为资源型城市转型的主要制约因素。

3.2.3.1　社会管理机构二元化

一般而言，资源型城市存在两套社会管理机构，分别隶属于不同的上级部门，故分别拥有各自独立的文化、教育和医疗等部门，受到以上体制的约束，导致机构之间交流在一定程度上受到限制，资源要素流动同时也收到约束。两种经济主体从自身利益角度考虑，各自为政、缺乏交流，造成城市发展管理者模糊。

社会管理机构二元化造成政企职能模糊、企业办社会问题严重，特别对于一些先有厂后有市的资源型城市，国有大型企业的行政级别甚至高于地方行政级别，城市无力调控企业发展。这种本末倒置的现象会带来两方面问题：首先对于政府来说，城市转型需要政府的顶层设计指导，但是企业行政级别高于政府的体制结构使得资源型城市产业转型步履艰难（刘学敏，2010）；对于企业而言，传统体制下形成的庞大的企业体系给企业发展带来沉重的负担，严重制约了企业研发力与竞争力。

3.2.3.2 经济体制二元化

社会管理机构的二元体制造成的直接影响是经济体制的二元化。资源型城市的财政收入主要依靠当地支柱资源企业，而这部分企业大多是国有企业，盈利直接被国家所控制，资源型城市只能从中得到极少的税收以及资源补偿费等资源红利。经济体制的二元化对于资源型城市转型的阻碍表现在以下两方面：首先，城市转型缺乏资金支持，企业转型发展意识弱、缺乏内在动力；其次，不同的经济主体容易造成重复建设严重和投资主体分散的问题，从而造成资源的再次浪费。

3.2.4 生态环境制约

资源型城市在早期开采和加工资源的同时，对本地区的生态环境也产生了不同程度的破坏，主要表现在大气污染、水污染、地质灾害隐患三方面。

3.2.4.1 大气污染严重

大气污染是当前资源型城市面临的普遍问题，以钢铁型城市为例，由于钢铁工业属于高投入、高耗能、高污染的重工业，城市污染极其严重。由2016年1~10月中国生态环境部公布的上半年中国重点监测的74个城市空气质量排名（见表3-12）可以看出，最差的10个城市中，河北省的钢铁型城市唐山、邯郸在列，并且由于钢铁产业的发展，周边的邢台、保定、石家庄、衡水也全部在 10 个城市当中，严重的空气污染对于城市居民的身体健康造成严重影响，同时也对城市形象带来了消极作用，加大了城市转型的难度。

表 3-12　　2016 年 1~10 月中国重点城市空气质量排名后 10 位

排名	城市	所在省份
65	邢台	河北
66	保定	河北
67	石家庄	河北
68	唐山	河北
69	济南	山东
70	邯郸	河北
71	郑州	河南
72	衡水	河北
73	乌鲁木齐	新疆
74	西安	陕西

资料来源：中华人民共和国生态环境部：《生态环境部发布 2016 年 1~11 月和 11 月重点区域和 74 个城市空气质量状况》，http://www.zhb.gov.cn/gkml/hbb/qt/201612/t20161213_368996.htm。

3.2.4.2　水污染严重

水体污染一直是中国资源型城市面临的一大污染问题，尤其以山西省煤炭型城市最为典型。由于过度开采造成严重的水资源污染，目前城市面临水质性缺水和水量性缺水双重困境。山西是中国煤炭大省，据测算，山西省每开采 1 吨煤，要影响、破坏、漏失 2.48 立方米的水资源，新中国成立以来山西省累计产煤 140×10^8 吨，按照上述比例计算，浪费水资源 347.2×10^8 立方米，接近 3 个洞庭湖的储水量。另外，解决资源型城市的饮水与水污染治理问题又涉及社会事业范畴，项目改造投入大、工期长、效益低，因此该类项目从实施到运营管理等多种角色多由政府直接承担，这无疑又加剧了财力本就薄弱的资源型城市政府的负担。

3.2.4.3 地质灾害隐患严重

矿产资源多形成于高山险坡之中，同时由于早期的粗放式开采，造成矿区滑坡、塌方、泥石流、地面沉降等地质灾害频发。地质灾害造成道路、水利农田、房屋等基础设施和城市建筑损毁严重。此外，由于矿产开采造成矿区地下采空严重，岩层的结构变化导致地下水系的变化，加剧了矿震的发生频率。地质灾害频发不仅造成资源型城市生态环境系统破坏，也给城市居民的生活财产安全带来严重威胁，加剧了资源型城市的转型难度。有数据表明，截至 2011 年底，中国资源枯竭型城市中约有 14×10^4 平方千米沉陷区需治理，包括地表裂缝、废弃矿坑、矸石山、尾矿堆场等矿山灾害隐患点超过 10 万处（朱敏，2015）。

3.2.5 城市化建设落后制约

3.2.5.1 城市结构分散

资源型城市的建设基本体现着计划经济年代"先生产，后生活"的思想（刘学敏，2009）。受自然资源空间分布和资源产业的生态特点的影响，资源型城市的空间布局大都比较分散，土地利用闲置率较高，城市建制范围大，但市辖区比例却较低，城市的聚合度低，呈现出"点多、线长、面广"的城市空间结构（宋飏、王士君，2011）。随着城市经济的发展，人口数量的增加，这种"大分散、小集聚"式的布局造成城市结构过于松散，城市内公众的生活和工作脱离现象严重，缺乏有机结合。此外，这种空间结构也进一步导致城市基础设施建设投资过高，城市运行效率低下等一系列问题。中国统计局发布的 2015 年中国地级以上城市人口密度为 2399 人/平方千米，而大部分的资源型城市人口密度均远低于这个水平（如图 3-4 所示）。

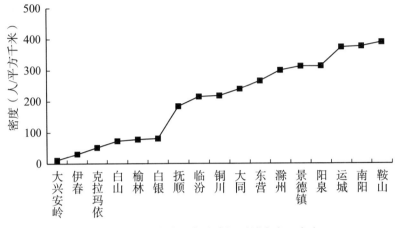

图 3-4　2015 年中国部分资源型城市人口密度

3.2.5.2　城市基础设施建设滞后，功能不完备

由于资源型城市在建设初期缺乏区域规划，造成城市空间布局分散，增加城市基础设施的建设难度，制约城市化的速度，导致资源型城市交通、通信、医疗及教育等建设水准普遍较低。早期资源型城市处于政企合一的状态，资源型企业处于成长期，经济水平有限，缺乏投资城市基础设施建设的能力。改革开放以来，城市建设的重要作用逐渐体现，但此时"政企合一"的体制已被"条块分割"所取代，资源企业不需要再对城市建设进行投资，而地方政府由于只能享受到极少的资源红利，导致财政收入无法满足城市化建设的需求。长此以往，资源型城市的基础设施建设滞后严重，与城市迫切转型的需求严重不符。

3.2.6　社会负担制约

3.2.6.1　职工再就业问题突出，就业压力沉重

资源型城市尤其是传统资源型城市，如唐山、焦作、南充等，从

事资源及相关产业的人口较多，资源产业尤其是资源开采和初级加工产业一般对从业者的素质要求较低，一旦资源产业发展遭遇"瓶颈"，这批工人将成为第一批被淘汰的选择，而这些下岗职工职业技能单一，年龄偏大，较难融入市场经济的环境之中。对近年来中国部分资源型城市城镇登记失业率进行统计可以发现（如表 3 – 13 所示），资源型城市的失业率一般高于中国平均水平，这种高失业率是造成资源型城市社会不稳定的潜在因素之一。

表 3 – 13　　　　中国部分资源型城市登记失业率变化情况　　　单位：%

年份	2010	2011	2012	2013	2014
中国平均水平	4.1	4.1	4.1	4.05	4.09
唐山	6.45	9.15	5.58	5.48	5.01
焦作	3.9	4	4	4.1	4.2
南充	4.5	4.3	4.5	4.2	4.3

3.2.6.2　民生建设提升有限

由于资源型城市经济发展过度依赖资源产业，受到国内外资源价格波动的影响，目前资源型城市的资源型产业发展普遍受阻，城市经济发展的不稳定造成资源型城市居民生活水准相对较低，直接表现是城镇居民人均可支配收入普遍低于于国家平均水平（如图 3 – 5 所示）。

3.2.6.3　社会保障体系建设难度巨大

资源型城市社会保障体系建设难度巨大的表现主要体现在以下三方面：一是资源型城市的非资源型产业发展相对迟缓，带动能力差，吸纳劳动力就业的能力相对较弱；二是资源型产业在转型过程中又产生大量失业人员；三是大型国有资源企业的离退休人员数量庞大。

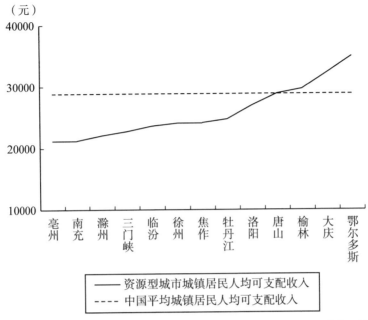

图 3-5 中国部分资源型城市城镇居民人均可支配收入与中国平均水平比较

3.3 资源型城市转型目标与方向

资源型城市类型多样，数量庞大，涉及中国多个省市及地区。在中国经济进入新常态的背景下资源型城市转型面临着诸多制约因素，城市转型任务艰巨。上一节对资源型城市发展制约因素的分析表明中国资源型城市的转型不可能是单一目标的转型，应该是城市 ERES 系统全方位的多重转型，具体的转型目标如图 3-6 所示。

3.3.1 ERES 协同转型

3.3.1.1 经济转型

中国目前正处于经济中高速增长的背景之下，资源型城市发展将面临更加严峻的考验，未来的资源经济必须走市场化，产业只有走生态化的道路，才能尽快摆脱体制与资源束缚，激活资源市场，保证城市经济的可持续发展。

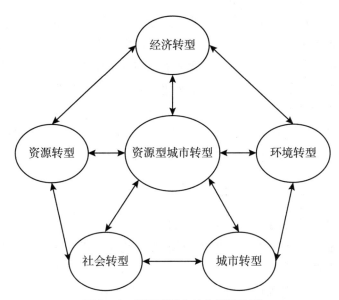

图 3 - 6 资源型城市的多目标转型

资料来源：刘学敏：《国外典型区域开发模式的经验与借鉴》，经济科学出版社 2010 年版。

（1）经济发展市场化。资源型城市经济发展市场化是经济转型的重要目标之一，通过该途径能够实现资源的高效利用，激发城市经济活力。具体而言，要实现资源型城市经济发展市场化可通过以下两种方式，首先制定市场经济体制，规范市场运营机制；其次通过市场经济体制取代双轨过渡体制。上文论述过，资源型城市面临着经济二元结构和社会二元结构的双重体制束缚，增加了资源产业和其他经济形态产业发展的难度。因此，在今后资源型城市经济转型过程中，政府需要简政放权，对经济实施开放管理，放资源产业于市场之中，同时通过法律重新明确资源产权与交易权制度，形成真正的资源商品交易市场，促进资源在社会经济活动中的公平、合理流动，激发资源型城市经济发展活力。

（2）产业发展生态化。中国资源型城市中，处于成长和成熟期的资源型城市共86座，占据全部地级市的68.3%。这两个时期的资源型城市一般都资金充裕，城市发展趋势良好，是转型的最佳时期。但是由于城市发展正处在上升期，资源产业不断为城市带来经济效益的同时也容易让城市管理者与市民失去忧患意识，造成资源型城市错失转型的最佳时期。实际上，保证资源型城市在该时期经济可持续发展的最有效手段便是产业发展生态化，通过对资源产业生产工艺清洁生产技术和节能减排技术的改造，同时大力扶持资源再生产业和环保产业，减少资源和能源的投入与消耗，提高资源产业的经济生产效率，加速实现经济增长与资源、能源利用的脱钩发展。

3.3.1.2 资源转型

提高资源使用效率、减少资源依赖是资源系统转型的主要目标，而只有通过社会经济活动协同循环转型才能保障资源使用效率的提高和资源消耗的减少。

（1）健全资源使用机制。在长期的经济发展中，自然资源定价和产权机制的不健全使得自然资源的经济价值并未得到真实体现，资源长期的定量计价造成资源消耗与浪费严重。因此，资源型城市在转型过程中务必将建立健全资源使用机制作为资源系统的首要任务，从源头杜绝资源的无序利用。

（2）去自然资源化。去自然资源化是资源型城市摆脱资源束缚、打破资源"瓶颈"的最主要方法，其实现途径是替代资源的开发和非资源产业的扶持。但是由于资源产业的特殊性，替代资源由勘探、研发、成果落实到实际投产需要投入大量资本。这需要资源政府和企业拥有充足的资金和技术支撑，而目前中国的资源型城市经济发展大都处于疲软的状态，这种方式不适合广泛地应用于资源型城市的实际转型中。更适宜的发展方式是通过扶持非资源产业，或是对原有资源产业进行横向扩展和纵向延伸，从而减少资源使用量，提高资源使用效率，降低城市发展对资源的依赖。

3.3.1.3 环境转型

减轻环境压力对城市发展的影响是资源型城市转型的目标之一，而目前有必要通过环境修复和环境保护两个层次来协调治理。

（1）环境修复。环境修复指的是对过去已经遭受到破坏的大气、土地、水体等自然环境进行干预和处理，利用环境修复技术使其尽可能恢复到原先自然水平，重新恢复自我恢复的能力。上文提到目前资源型城市的生态环境面临着巨大的考验，威胁着地区居民的生命财产安全，加速对于城市已经受到破坏的环境进行修复是资源型城市政府和企业需要面对的主要问题之一。

（2）环境保护。环境保护指的是通过各种手段与方法对尚未造成破坏或者已经修复到原先自然水平的环境进行有效的管理。主要手段是建立健全各种环境监督和处罚机制，建立矿山地质灾害监测预警体系，研发环境保护新技术等。从研发技术和健全机制两方面出发，持续提高资源型城市环境质量。

3.3.1.4 社会转型

收入分配差异巨大、高失业率、社会保险覆盖率低已经成为制约资源型城市社会可持续发展的三大主要因素，资源型城市的社会发展路径选择需要向和谐转型，主要从社会保障体系和社会消费结构两方面转变。

（1）民生建设。资源型产业转型困难的主要阻碍因素之一是资源产业工人数量巨大，一旦转型，不论企业或是政府都需要面对如何解决工人失业再就业的问题。政府和资源型企业需要建立多元化的扶持机制对下岗职工进行再就业培训，鼓励员工创业或是对有技术的职工实施劳务输出等方式解决城市职工再就业问题。资源型城市务必构建完整的社会保障体系，通过失业保险、住房保险、医疗保险、养老保险等保险制度的完善，全方位建立健全城市保障体系，促进城市和谐发展。

（2）消费体系建设。资源型城市社会发展重要目标是建立一个低碳、绿色、生态的消费体系，培养城市居民形成节约的消费习惯，通过消费市场倒逼机制促进企业生产出更加环保、耐用的产品或服务，从而在社会消费和经济生产两个层面减少资源的浪费。

3.3.1.5 城市转型

资源型城市是在资源开发基础上而建立起来的一类城市，由于资源形成的特殊性，作为其主要产业的采矿工业在空间上也相对分散，因此造成资源型城市往往生产分散而居住集中。城市内部主要是居住、商业、娱乐等生活性功能，并且城区内的消费和市场状况几乎完全取决于周边矿区的生产经营状况（刘学敏，2011）。这种城市发展模式使得城市整体服务功能薄弱而单调，缺乏城市特色，因此在经济转型的基础上，城市转型更应该注意紧凑发展和城市文化的突出。

（1）强化紧凑发展。美国的城镇化发展是典型的粗放式发展模式，反映在资源消耗上的现象是，1个美国人所消耗的汽油相当于5个欧盟人，虽然美国人口仅占全球人口总量的5%，但是消耗的资源和能源总量占全球消耗总量的30%多（仇保兴，2012）。美国的人均耕地比中国多20倍，因此尚能承担这种发展方式造成的恶果，但就目前中国的资源型城市而言，ERES系统均面临不同程度的发展困境，同时，加上先天自然区位条件的限制使得城市生态环境更加脆弱，这种粗放式模式只会加剧城市发展的不可持续性。

资源型城市纷纷进入转型期，在城市用地规划上必须要避免美国式的郊区化模式，坚持走紧凑化、集约化发展的道路，提高土地产出效率，杜绝因无序扩展而造成的资源过度投资和土地闲置浪费，杜绝城镇化过度造成的生态环境二次破坏和社会贫富差距二次扩大。

（2）重塑城市文化品位，提升城市景观。资源型城市的转型已经不能狭隘地定义为产业升级，同时也应当包括城市空间结构重组和文化体系的塑造等多维度转型。上文论述过，空间重组需要遵循紧凑发展这一原则，而在文化体系塑造上则务必打破人民对于资源型城市污染严重、城市生态破碎化的刻板印象。在城镇化建设过程中，将生态建设与文化设施、创意产业相结合，搭建城市新兴文化发展极。通过历史文化、资源文化与创新科技相交融的方式发展城市特色文化，突出城市文化品位，激发城市文化发展内生动力。在培育城市文化的基础上，带动城市景观的建设，促进旅游、会展、创意等文化产业的发展。

3.3.2 ERES 系统转型方向——循环经济

资源型城市多目标转型的目的是实现城市 ERES 系统的可持续发展，而人类作为对城市 ERES 系统直接的影响者与参与者，改变社会公众的生活方式和城市经济发展方式，是资源型城市实现可持续发展的主要手段。前文对资源型城市目前转型面临的诸多制约因素进行了详细的梳理，基于此，上一节确定了资源型城市的多目标转型以及具体的转型方向，通过对不同系统转型方向之间相互关系的梳理，本书认为循环经济是目前解决资源型城市发展困境，帮助资源型城市实现多目标成功转型的合理方向。

3.3.2.1 循环经济与经济和资源转型的关系

资源型城市转型的最主要目的是解决城市经济发展对于资源的依赖，具体手段则是通过在建立健全相关产业转型机制的基础上，促进产业发展生态化，从而实现城市的去自然资源化发展。通过资源型城市的转向目标可以看出，资源型城市应该明确循环经济的转型方向，实现经济系统与资源系统的结合转型，提高资源在不同产业之间的循环，构成资源循环闭合体系，从而提高资源使用效率，实现资源的集约化利用，减少经济发展对于资源系统的影响。

3.3.2.2 循环经济与环境转型的关系

环境系统转型的主要方向是社会经济活动与环境友好相处，具体手段是环境修复和环境保护。环境修复是对已经造成破坏的环境系统进行补偿的行为，而环境保护则是通过对社会经济活动进行随时调控，从而减少城市发展对于环境系统的影响。资源型城市经济系统和资源系统选择循环经济转型产生的直接效果就是在提高资源使用效率的同时，通过企业清洁生产和其他工艺流程的改造，以及相应环保产业的发展，对废弃物进行无害化处理，最终从源头减少废弃物的排放，降低资源型城市的环境压力。因此，循环经济通过对于资源型城市社会经济活动的作用间接解决了环境系统的污染问题，为环境系统的转型提供了一种新的方向。

3.3.2.3 循环经济与社会转型的关系

资源型城市的空间布局紧凑发展可以有效降低城市的建设成本，提高城市管理效率，对于节约资源和提高城市化水平意义重大。而上文提到，目前资源型城市空间布局分散，城市化水平较低。首先，循环经济思想提倡城市适当紧凑发展；其次，循环经济提倡的"3R"原则也符合资源型城市社会转型倡导的低碳、循环、节约、绿色的社会体系构建，上述两种原因的叠加共同为社会转型选择了循环经济发展方向。

综上所示，资源型城市作为一个复杂的巨系统，只有通过城市各个方面的耦合发展才能保障资源型城市转型，实现可持续发展。基于资源型城市目前的发展现状和存在问题，本书认为资源型城市应该将循环经济作为资源型城市多目标转型的方向，从而促进资源型城市ERES系统的协同发展。

3.4 本章小结

随着中国经济进入新常态，资源型城市在发展过程中出现了一系列不可持续发展的问题。

本章在此背景之下，首先，分析中国资源型城市的转型现状，根据资源型城市依托资源不同，将城市划分为煤炭型、油气型、钢铁型、金属型、非金属型和森工型六种类型，并对每种类型城市的分布和特征现状进行详细梳理，同时根据资源型城市发展对于资源依赖性的特点，为其构建 ERES 发展框架；其次，结合各类型城市的发展现状总结出目前中国资源型城市面临的沉淀成本制约、资本制约、体制制约、生态环境制约、城市化建设制约和社会负担制约六种转型制约因素；最后，为资源型城市提出 ERES 系统协同转型的目标，并根据资源型城市的发展现状和转型制约因素选择循环经济的转型方向。

第 4 章

资源型城市转型实证研究

通过第 3 章对于资源型城市转型制约因素和转型方向的讨论，本书认为资源型城市的转型发展是城市 ERES 系统重新组合的过程，需要城市内部各个要素的协调重组。因此，确定资源型城市转型方向的合理性，对于降低城市转型风险，加快城市转型速度具有重要意义。系统动力学方法强调系统结构和信息反馈的行为，可以定量分析系统特征和变化过程，可深层次地探讨资源型城市 ERES 系统内部各元素之间的相互关系，从而定量判断不同转型方向下的城市发展结果。本章正是利用系统动力学模型在处理复杂系统方面的优势，将其应用于鄂尔多斯的转型发展，模拟不同发展方向的情况下鄂尔多斯的转型结果，通过实证研究证明资源型城市循环经济转型的合理性。

4.1　研究城市与方法

4.1.1　研究城市选择

鄂尔多斯地处内蒙古自治区西南部，东西长约 400 千米，南北宽约 340 千米，总面积达 86752 平方千米，毗邻晋陕宁三省区，属于"呼包鄂"城市群的中心城市。鄂尔多斯境内地下矿产资源储量丰富，其中已探明煤炭储量 1496×10^8 吨，约占中国总储量的 1/6；已

探明天然气储量约 1880×10^8 立方米，占中国总储量的 1/3；已探明稀土、高岭土储量占中国储量的一半①。基于丰富的自然资源，尤其是化石能源的相继开发，自 2000 年之后，鄂尔多斯已由过去农牧业发展为主的农牧业型城市转化为以化石能源开采和加工为主的新型工业化城市，目前已经发展成为中国重要的能源化工基地。

随着能源开发，鄂尔多斯的经济发展目标明确，主要形成了以煤炭、煤化工、电力和装备制造为主的产业结构，经济发展速度持续上升。随着经济基础的持续好转，鄂尔多斯在城市建设、新农村建设、社会保障体系建设、生态文明建设等方面也取得了显著的成效。但是随着国内外经济环境的变化，尤其是煤炭资源产能明显过剩的背景下，鄂尔多斯在近几年的发展中也出现了不同程度的问题。

4.1.1.1 经济结构不合理造成经济下滑严重

（1）产业结构失衡，过度依赖煤炭产业，经济增长缺乏后续动力。随着能源工业的发展，鄂尔多斯自 2000 年之后逐渐转为工业城市，第一产业和第三产业在城市经济地位逐年萎缩，截至 2014 年统计，鄂尔多斯的第一产业 GDP 仅占城市 GDP 的 2.46%，第三产业的 GDP 占城市 GDP 的 38.43%，较上一年略有提高，但总体仍处于低位发展阶段，今后的发展趋势仍然处于不稳定状态，可见目前鄂尔多斯市"农业弱、工业重、服务业轻"的经济格局在持续延续，不利于城市经济系统的可持续发展（如图 4-1 所示）。

煤炭产业带动了鄂尔多斯第二产业的快速发展，成为鄂尔多斯市的经济支柱产业。在国际资源价格持续波动、我国能源结构深化调整、去除过剩产能等一系列现实背景，鄂尔多斯市的煤炭产业在 2008 年之后略有下降，发展速度明显放缓，但整体仍然呈现出缓慢上升的趋势。随着国内外经济大环境的复苏，2014 年鄂尔多斯市的煤炭产业增加值占工业增加值比重达到 77.01%，处于历史最高阶段（如图 4-1 所示）。这种严重依赖煤炭资源的工业产业结构，造成鄂

---

① 《鄂尔多斯统计年鉴（2013）》。

尔多斯市的经济发展抗风险能力较差，对于资源市场的波动异常敏感，经济增长缺乏稳定度与持久力。

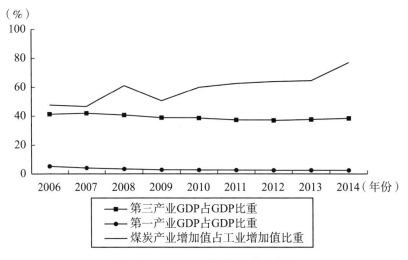

图4-1 鄂尔多斯经济结构变化趋势

资料来源：鄂尔多斯市统计局：《鄂尔多斯统计年鉴》2006～2014年，中国统计出版社2007～2015年版。

（2）城市经济下滑严重，经济的可持续发展面临巨大困难。图4-2反映的是鄂尔多斯2006～2014年的GDP和财政收入变化趋势。鄂尔多斯由于过度依赖煤炭产业，随着煤炭资源在近几年的价格持续下滑，直接导致鄂尔多斯的经济增长节奏放缓，GDP增长率自2008年开始迅速下滑，从2007～2008年最高位的年增长率44.07%连续下降到2014年的2.5%，之后的2年开始有所回升，但是仍未摆脱资源发展束缚，城市增长动力仍然依赖煤炭经济。由于鄂尔多斯长期依赖资源产业，缺乏接替产业，一旦资源出现价格变动，经济发展就会受到严重影响。

经济增长受阻对于政府的直接影响是财政收入的变化。鄂尔多斯的财政收入增长率随着经济增长的放缓在持续下降，2014年甚至出现了第一次财政收入负增长。财政收入的不足会减少政府对于城市产

业结构转型、基础设施建设、社会保障体系构建等一系列城市发展的
财政支出，这也为鄂尔多斯今后的发展带来隐患。由于资源经济的衰
退，众多资源企业破产或撤资，导致鄂尔多斯出现了众多的烂尾商品
房、烂尾工厂，甚至烂尾工业园区，部分开发区已经成为"空城"
或"鬼城"。

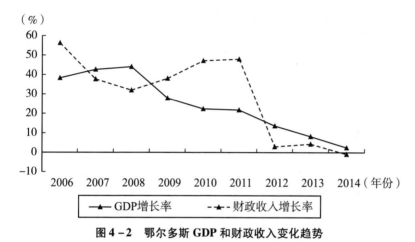

图4-2 鄂尔多斯 GDP 和财政收入变化趋势

资料来源：鄂尔多斯市统计局：《鄂尔多斯统计年鉴》2006~2014年，中国
统计出版社2007~2015年版。

4.1.1.2 资源约束加剧

（1）城市工业发展过程中资源投入日益严重，能源结构调整
压力巨大。鄂尔多斯作为典型的资源型城市，经济发展以能源化
工和装备制造业为主，都属于能源高消耗产业。这种工业发展方
式使得鄂尔多斯在 2006~2014 年的能源消耗呈快速增长的趋势
（见图4-3），2014 年相较于 2006 年的能源消耗增长了 3 倍之
多。虽然 2011 年之后，煤炭消耗量有所放缓，2014 年首次出现
下降的趋势，但是这背后呈现的是经济增长速率的放缓，可见鄂
尔多斯的经济发展受资源约束的影响程度之深，调整生产结构的
难度之大。

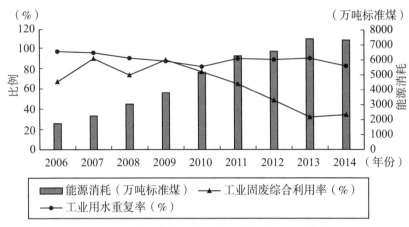

图 4 - 3 鄂尔多斯能源消耗与资源利用变化趋势

资料来源：鄂尔多斯市统计局：《鄂尔多斯统计年鉴》2006～2014 年，中国统计出版社 2007～2015 年版。

（2）资源浪费现象加剧，生产方式集约化转变迫在眉睫。鄂尔多斯的资源浪费现象较为严重，尤其表现在工业生产方面。鄂尔多斯地处中国降水分布的干旱和半干旱区之间，属于缺水型城市，而城市的工业用水重复率在 2006～2014 年逐年下降（见图 4 - 3），截至 2014 年，已经下降至 88.22%，工业用水重复率的下降加剧了城市水资源的浪费。此外，工业固废的综合利用率同样由 2007 年最高点的 89.5% 开始断崖式的下降，在 2013 年下降到最低的 40.36%，降幅达到 50%。上述两组数据都说明目前鄂尔多斯的工业发展仍然较为粗放，资源回收利用的技术创新远不能满足工业废弃物增长的速度，长此以往，势必会造成大量资源的浪费，同时也会对鄂尔多斯本就脆弱的生态环境造成更沉重的负担。

4.1.1.3 城市发展与生态环境矛盾问题突出

鄂尔多斯地处中国农牧交错带，是气候变化的敏感地区。同时，库布齐沙漠和毛乌素沙漠横穿城市，两大沙区总面积约 3.5×10^4 平方千米，占鄂尔多斯总面积的 40% 左右，使得鄂尔多斯生态环境极其脆弱，环境承受阈值相对较低，生态环境一旦遭到破坏便难以恢复。鄂尔多斯作为新兴的能源化工型城市，煤化工、石油化工等重工业发展迅速，而这些工业往往属于高投入、高耗能、高污染的"三高"型产业，加剧了鄂尔多斯的生态环境问题。

图4-4反映的是2006~2014年鄂尔多斯工业"三废"的排放情况。由图4-4可以看出，2006~2014年，鄂尔多斯的工业"三废"排放量整体呈现上升趋势，在2010~2012年，工业废水的排放量有所下降，2012年之后又迅速上升；工业废气的排放在2011~2013年连续三年有少量下降，2013之后排放量重新上升并且达到历史最高值；工业固废的产生量则是逐年上升。结合上文描述的工业固废重复利用率来看，可以认为鄂尔多斯的经济发展对于工业尤其是重工业的依赖极强，工业发展带来经济增长的同时也产生了大量的工业固废，但是城市的循环发展程度有限，限制了工业固废的处理能力，随着工业固废的产生量逐年加大，导致工业固废的重复利用率也在逐年下降，造成资源浪费。

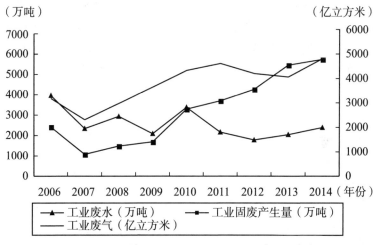

图4-4 鄂尔多斯工业"三废"产生与排放量趋势

资料来源：鄂尔多斯市统计局；《鄂尔多斯统计年鉴》2006~2014年，中国统计出版社2007~2015年版。

若是鄂尔多斯依然沿用传统的方式发展，不难想象，城市的生态环境矛盾将愈发突出。环境系统的转型与城市经济发展和环境污染监管力度关系密切，由于近年来资源经济的稳定性出现剧烈波动，导致鄂尔多斯环境系统实现可持续发展的难度持续加大。

4.1.1.4　城市化快速发展带来的新矛盾

截至 2015 年末，鄂尔多斯全市常住人口达到 204.51 万，其中城镇人口有 149.55 万，乡村人口有 54.96 万，城镇化率达到 73.13%，远高于同年中国 56.1% 的平均水平①。人口的迅速增长与城市人口的快速聚集给鄂尔多斯带来繁荣的同时也使城市社会系统面临诸多问题。

（1）经济福利的增长速度不能满足人口数量的增长速度。人口数量既是经济增长的动力，也有可能成为经济增长的阻力。适龄的劳动人口可以增加城市人口红利，而过量的人口则会增加城市的发展负担。目前鄂尔多斯的产业结构处于转型的关键时期，在此时期经济发展会出现不同程度的波动，过多的人口数量只会增加政府的各项支出，为城市经济转型增加阻碍。此外，人民生活福利也会因为城市过多的人口而被均摊，减弱了城市经济发展带来的红利。如图 4-5 所示，以人均可支配收入为例，鄂尔多斯的人均可支配收入增长率随着城市经济发展速度的放缓也逐渐减少，2014 年，增长率下降到 -3.81%，首次出现负增长。由此可见，人口数量的过快增长也成为鄂尔多斯社会可持续发展的制约因素之一。

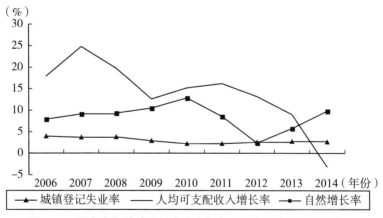

图 4-5　鄂尔多斯城镇登记失业率与人均可支配收入增长率趋势

资料来源：鄂尔多斯市统计局：《鄂尔多斯统计年鉴》2006～2014 年，中国统计出版社 2007～2015 年版。

———————
① 《鄂尔多斯统计年鉴（2016）》。

（2）就业压力增大，社会保障体系建设任务艰巨。由于人口的快速聚集与城市经济增长率下滑等诸多问题的叠加，造成目前鄂尔多斯的社会就业压力巨大，社会保障体系建设任务艰巨。由图4-5的城镇登记失业率变化趋势来看，在2010年之前，鄂尔多斯经济发展迅速，经济建设需要大量工人，能够提供大量就业岗位，因此城市失业率逐年下降。随着资源经济问题显现，城市经济增长开始放缓，一部分企业撤出资源市场，导致鄂尔多斯的失业率在2010年之后有所上升，逐渐扩大的失业人口有可能会给鄂尔多斯社会系统的稳定发展带来隐患。

综上所示，本书认为鄂尔多斯虽然在2006～2014年以来经济发展迅速，城市建设与人民生活水平都得到了显著提高，但是城市不论在经济、资源、环境或者社会方面都存在着对于资源，尤其是煤炭资源的极强依赖性，这种情况导致鄂尔多斯在未来的可持续发展面临诸多的制约因素。因此，找到一条高效、节能、环保的发展之路对于鄂尔多斯加快摆脱资源约束，实现城市ERES系统的协调发展意义重大。

4.1.2 研究方法选择

本书选择系统动力学（System Dynamic，SD）对资源型城市的转型方向进行实证研究，通过系统仿真对于鄂尔多斯不同的转型方向进行发展结果的模拟，从而确定鄂尔多斯的最合理转型方向。

4.1.2.1 系统动力学研究过程及步骤

用系统动力学方法研究资源型城市循环经济发展问题可以分为六个阶段（宋喜斌，2014）：（1）梳理鄂尔多斯ERES系统发展关系；（2）分析ERES系统内部各子系统以及相互之间的关系；（3）建立目标研究系统的SD模型；（4）对鄂尔多斯ERES系统进行仿真，将仿真结果与实际情况进行对比；（5）SD模型检验与结果分析，根据上步的数据仿真结果，对模型进行相应修改；（6）趋势预测与转型方向选择，根据调整好的参数模型，控制主要变量，对不同转型方向下鄂尔多斯 ERES 系统发展情况进行预测，从而判断鄂尔多斯转型的最佳方向。

4.1.2.2 SD 模型的检验及验证

在模型分析之后，需要对 SD 模型进行检验和证明，将模型的实际值与仿真模拟值进行对比，并发现其中存在的误差，进而及时调整相应参数。按照具体的检验方法，本书将其分为四类：（1）SD 模型结构对现实城市发展的适用性检验；（2）SD 模型行为对现实城市发展的适用性检验；（3）SD 模型的结构特征与城市发展的一致性检验和分析；（4）SD 模型行为和城市发展的一致性检验和分析。

4.2 ERES 系统 SD 模型建立

本书上一章已经明确，资源型城市的转型过程是城市 ERES 系统中的不同子系统共同转型所形成的一种耦合发展的社会经济组织形式。基于此，本书构建了鄂尔多斯的 ERES 系统之间不同因素的因果反馈关系图。

4.2.1 经济子系统

经济子系统是鄂尔多斯 ERES 系统中关系最为复杂的一个子系统。由于鄂尔多斯长期依靠资源发展，造成城市经济结构对于资源依赖严重，第二产业尤其是资源型产业在城市经济份额比重过高。资源依赖增加了城市经济转型的难度，只有通过调整不同产业的投资率来逐渐平衡三次产业在城市经济结构中的比重，同时加大产业科技研发投入与教育财政支出等方式，提高产业科技竞争力，增加产业经济效益。在实现城市经济发展多元化的同时增加城市经济稳定度，降低城市发展对于资源和能源的依赖程度。基于此，本书建立了鄂尔多斯经济子系统因果关系反馈图，具体的运行情况如图 4-6 所示。

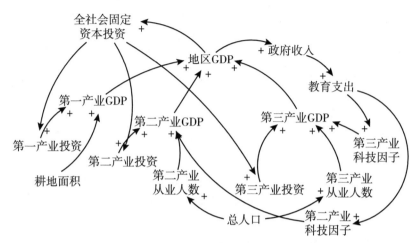

图 4-6　鄂尔多斯经济子系统因果关系

4.2.2　资源子系统

资源子系统是资源型城市经济发展的主要物质供给系统，是资源型城市经济发展的根本。随着资源储量减少、资源价格下滑、环境污染等一系列问题的出现，资源型城市的资源系统愈发不能满足城市的发展，鄂尔多斯只有通过在社会经济活动过程中减少资源的投入或寻找替代资源等方式重新恢复与资源系统的协调发展。基于此，本书建立了鄂尔多斯资源子系统因果关系反馈图，具体的运行情况如图 4-7 所示。

4.2.3　环境子系统

鄂尔多斯的经济发展对生态环境系统造成了巨大的影响，如若今后的社会经济发展方式仍然以牺牲环境系统为代价，那么一旦超过环境系统阈值，鄂尔多斯的环境系统将无法恢复，破碎化的环境系统也将彻底阻断鄂尔多斯的可持续发展之路。经过长期的资源开采和加

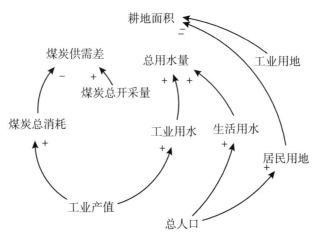

图 4 - 7　鄂尔多斯资源子系统因果关系

工，鄂尔多斯的环境系统受损严重，生态问题突出。而工业生产过程中的工业"三废"的排放是造成鄂尔多斯环境污染的主要原因。因此，提高资源和能源的使用效率，加大环境保护的财政投入，减少工业"三废"的排放是鄂尔多斯治理环境问题的主要手段。基于此，本书建立鄂尔多斯的环境子系统因果关系反馈图，具体运行情况如图 4 - 8 所示。

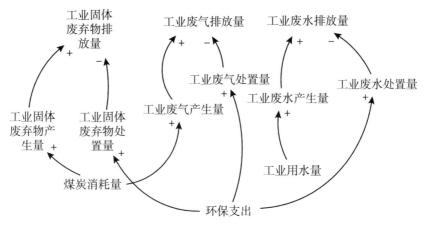

图 4 - 8　鄂尔多斯环境子系统因果关系

4.2.4 社会子系统

人口是构成城市的主要因素，数量适度的人口可以刺激经济消费，提供充裕的劳动力，加速城市经济发展。一旦人口数量过多，超过城市的经济容量和环境容量，就会给鄂尔多斯的社会系统和环境系统造成严重的负担。因此，本节主要讨论人口的变化对于鄂尔多斯转型的影响，而人口的变化主要涉及出生率和死亡率、迁入率和迁出率，以及与之相关的医疗财政投入对人口数量的影响。此外，人口数量的变化也会产生劳动力供给的变化，从而间接影响城市经济发展，以此产生经济系统与社会系统的关联。基于此，本书建立了鄂尔多斯社会子系统的因果关系反馈图，具体运行情况如图4-9所示。

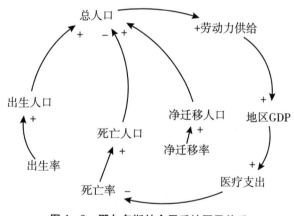

图4-9 鄂尔多斯社会子系统因果关系

4.2.5 ERES整体系统

以上已经对各子系统内部要素及其相互关系进行了详细分析，揭示了组成鄂尔多斯ERES系统的四大子系统的形成及相互关系。基于此，可以得出鄂尔多斯ERES总系统的形成及相互关系，整体ERES系统的SD模型的因果关系反馈如图4-10所示。

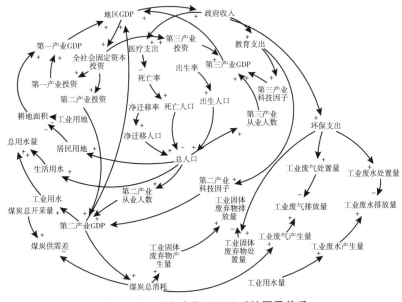

图4-10　鄂尔多斯 ERES 系统因果关系

4.3　ERES 系统 SD 模型仿真实证分析

本书使用 Vensim PLE 对鄂尔多斯的 ERES 发展系统的 SD 模型进行仿真，并对仿真结果进行相应的检验和说明。

4.3.1　ERES 系统 SD 模型仿真及检验

运用鄂尔多斯2006～2014年的相关原始数据，对模型模拟效果进行评价，以仿真结果为依据，确定相应的结论。由于鄂尔多斯 ERES 运行系统的 SD 模型输出变量众多，因此，本书在检验时选鄂尔多斯三类产业产值、城市 GDP 及总人口共五项变量，分别采用模拟值与观测值线性回归分析、均方根误差和模拟效率三种方式对鄂尔多斯的 SD 模型进行检验。

首先，对本书构造的鄂尔多斯城市 ERES 系统的 SD 模型的拟合优度进行相应的分析。将仿真结果与历史实际数据进行对比，计算出二者的相对误差，若相对误差低于 7% ，则认为仿真数据通过检验，相对误差越低，则拟合度越高，仿真系统越准确（赵黎明，2015）。

其次，选用均方根误差 RMSE：

$$RMSE = \sqrt{\frac{\sum_{i=1}^{n} (X_{obs,i} - X_{model,i})^2}{n}} \qquad (4-1)$$

RMSE 反映模拟结果与现实数据间的偏差，其值越小则表明模拟精度越高。

最后，选用模拟效率（ME）：

$$ME = 1 - \frac{\sum_{i=1}^{n} (p_i - o_i)^2}{\sum_{i=1}^{n} (p_i - \overline{o_i})^2} \qquad (4-2)$$

式（4-2）中，p_i 为第 i 年的仿真变量数据，o_i 为第 i 年的实际发生变量数据，$\overline{o_i}$ 为平均观测值。n 为观测样本数。其中，ME 越接近 1 表示模拟值效果越好，反之则是越差。

4.3.1.1 第一产业产值检验

从 2006 年开始对第一产业产值仿真模拟，将 2006～2014 年的仿真数据与统计资料中获得的历史数据进行对比。如表 4-1 所示，鄂尔多斯的第一产业产值的实际值和仿真值之间的相对误差基本控制在 ±7% 以内。

表 4-1　鄂尔多斯第一产业产值统计值与仿真值的比较与分析

年份	第一产业产值 （亿元）	第一产业仿真产值 （亿元）	相对误差水平 （%）
2006	43.08	43.10	-0.03
2007	47.78	47.90	-0.25
2008	57.65	54.44	5.57
2009	60.61	58.33	3.76

年份	第一产业产值 （亿元）	第一产业仿真产值 （亿元）	相对误差水平 （％）
2010	70.81	68.42	3.37
2011	83.16	82.04	1.35
2012	90.14	92.25	−2.34
2013	95.69	96.20	−0.54
2014	99.59	100.91	−1.33

资料来源：鄂尔多斯市统计局：《鄂尔多斯统计年鉴》2007～2015 年，中国统计出版社 2007～2016 年版。

图 4 −11 反映了鄂尔多斯第一产业产值的实际值与仿真值之间的线性拟合关系，第一产业产值的模拟系数达到 0.994、均方根误差 RMSE 达到 2.488 亿元、模拟效率 ME 达到 0.997，通过模拟系数、均方根误差和模拟效率综合来看，鄂尔多斯的第一产业产值的实际值与仿真值之间具有较高的拟合程度。

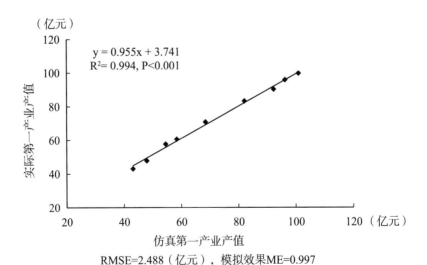

RMSE=2.488（亿元），模拟效果ME=0.997

图 4 −11　鄂尔多斯第一产业产值统计值与仿真值的线性拟合

4.3.1.2 第二产业产值检验

从 2006 年开始对第二产业产值仿真模拟，将 2006～2014 年的仿真数据与统计资料中获得的历史数据进行对比。如表 4－2 所示，鄂尔多斯的第二产业产值的实际值和仿真值之间的相对误差基本控制在 ±7% 以内，但是 2007 年和 2008 年的误差产生了较大的偏差，因此对其进行二次检验。

表 4－2   鄂尔多斯第二产业产值统计值与仿真值的比较与分析

年份	第二产业产值 （亿元）	第二产业仿真产值 （亿元）	相对误差水平 （%）
2006	439.64	439.64	0.00
2007	633.10	780.05	－23.21
2008	944.55	1017.08	－7.68
2009	1260.49	1232.48	2.22
2010	1551.44	1544.90	0.42
2011	1933.68	1867.59	3.42
2012	2213.13	2073.17	6.32
2013	2260.53	2270.20	－0.43
2014	2356.26	2458.05	－4.32

资料来源：鄂尔多斯市统计局：《鄂尔多斯统计年鉴》2007～2015 年，中国统计出版社 2007～2016 年版。

图 4－12 反映了鄂尔多斯第二产业产值的实际值与仿真值之间的线性拟合关系，第二产业产值的模拟系数达到 0.986、均方根误差 RMSE 达到 5.463 亿元、模拟效率 ME 达到 0.997，通过模拟系数、均方根误差和模拟效率综合来看，鄂尔多斯第二产业产值的实际值与仿真值之间具有较高的拟合程度。

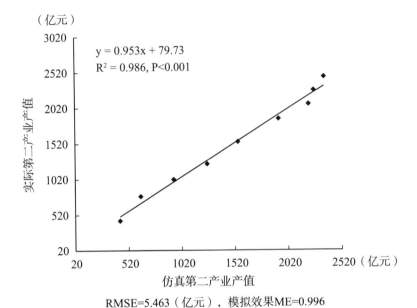

（亿元）

$y = 0.953x + 79.73$
$R^2 = 0.986, P<0.001$

RMSE=5.463（亿元），模拟效果ME=0.996

图 4 - 12　鄂尔多斯第二产业产值统计值与仿真值的线性拟合

4.3.1.3　第三产业产值检验

从 2006 年开始对第三产业产值仿真模拟，将 2006～2014 年的仿真数据与统计资料中获得的历史数据进行对比。如表 4 - 3 所示，鄂尔多斯的第三产业产值的实际值和仿真值之间的相对误差基本控制在 ±7% 以内。

表 4 - 3　鄂尔多斯第三产业产值统计值与仿真值的比较与分析

年份	第三产业产值 （亿元）	第三产业仿真产值 （亿元）	相对误差水平 （%）
2006	339. 79	319. 44	5. 99
2007	492. 28	530. 53	- 7. 77
2008	688. 00	709. 51	- 3. 13
2009	839. 90	821. 36	2. 21
2010	1020. 98	971. 37	4. 86

年份	第三产业产值 （亿元）	第三产业仿真产值 （亿元）	相对误差水平 （%）
2011	1201. 70	1133. 18	5. 70
2012	1353. 53	1263. 68	6. 64
2013	1499. 68	1414. 60	5. 67
2014	1599. 64	1592. 57	0. 44

资料来源：鄂尔多斯市统计局：《鄂尔多斯统计年鉴》2007～2015 年，中国统计出版社 2007～2016 年版。

图 4－13 反映了鄂尔多斯第三产业产值的实际值与仿真值之间的线性拟合关系，第三产业产值的模拟系数达到 0. 992、均方根误差 RMSE 达到 5. 438 亿元、模拟效率 ME 达到 0. 997，通过模拟系数、均方根误差和模拟效率综合来看，鄂尔多斯的第三产业产值的实际值与仿真值之间具有较高的拟合程度。

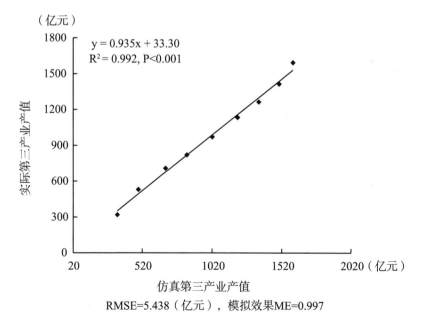

RMSE=5.438（亿元），模拟效果ME=0.997

图 4－13　鄂尔多斯第三产业产值统计值与仿真值的线性拟合

4.3.1.4 城市 GDP 检验

从 2006 年开始对城市 GDP 仿真模拟，将 2006~2014 年的仿真数据与统计资料中获得的历史数据进行对比。如表 4-4 所示，鄂尔多斯的城市 GDP 的实际值和仿真值之间的相对误差基本控制在 ±7% 以内，仅有 2007 年出现了较大的偏差，之后对其进行二次检验。

表 4-4   鄂尔多斯 GDP 统计值与仿真值的比较与分析

年份	城市 GDP（亿元）	城市仿真 GDP（亿元）	相对误差水平（%）
2006	822.51	802.17	2.47
2007	1173.16	1358.48	−15.80
2008	1690.20	1781.03	−5.37
2009	2161.00	2112.18	2.26
2010	2643.23	2584.70	2.21
2011	3218.54	3082.81	4.22
2012	3656.80	3429.10	6.23
2013	3955.90	3781.01	4.42
2014	4055.48	4151.53	−2.37

资料来源：鄂尔多斯市统计局：《鄂尔多斯统计年鉴》2007~2015 年，中国统计出版社 2007~2016 年版。

图 4-14 反映了鄂尔多斯 GDP 的实际值与仿真值之间的线性拟合关系，GDP 的模拟系数达到 0.989、均方根误差 RMSE 达到 5.181 亿元、模拟效率 ME 达到 0.997，通过模拟系数、均方根误差和模拟效率综合来看，鄂尔多斯 GDP 的实际值与仿真值之间具有较高的拟合程度。

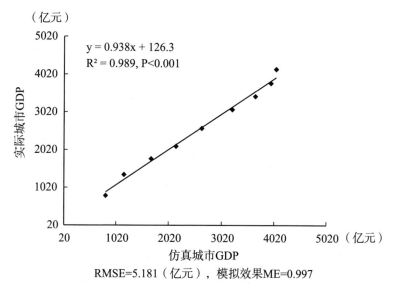

$$y = 0.938x + 126.3$$
$$R^2 = 0.989, P<0.001$$

RMSE=5.181（亿元），模拟效果ME=0.997

图4－14　鄂尔多斯城市GDP统计值与仿真值的线性拟合

4.3.1.5　城市总人口检验

从2006年开始对城市总人口仿真模拟，将2006～2014年的仿真数据与统计资料中获得的历史数据进行对比。如表4－5所示，鄂尔多斯城市总人口的实际值和仿真值之间的相对误差基本控制在±7%以内。

表4－5　　鄂尔多斯总人口统计值与仿真值的比较与分析

年份	城市总人口 （万人）	城市仿真总人口 （万人）	相对误差水平 （%）
2006	141.00	141.0	0.00
2007	143.99	144.1	−0.06
2008	146.69	146.5	0.15
2009	149.48	148.5	0.63
2010	152.38	150.0	1.56

年份	城市总人口 （万人）	城市仿真总人口 （万人）	相对误差水平 （%）
2011	154.18	151.6	1.65
2012	152.08	152.9	-0.54
2013	154.34	155.2	-0.55
2014	155.90	157.0	-0.68

资料来源：鄂尔多斯市统计局：《鄂尔多斯统计年鉴》2007～2015年，中国统计出版社2007～2016年版。

图4-15反映了鄂尔多斯总人口的实际值与仿真值之间的线性拟合关系，城市总人口的模拟系数达到0.986、均方根误差RMSE达到0.879万人、模拟效率ME达到0.995，通过模拟系数、均方根误差和模拟效率综合来看，鄂尔多斯城市总人口的实际值与仿真值之间具有较高的拟合程度。

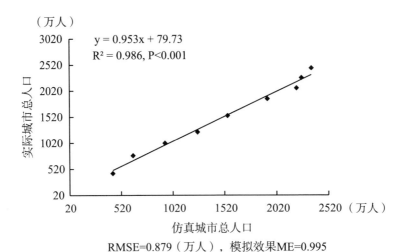

RMSE=0.879（万人），模拟效果ME=0.995

图4-15 鄂尔多斯城市总人口统计值与仿真值的线性拟合

4.3.2 ERES 系统 SD 模型方案分析

4.3.2.1 政策变量的挑选

（1）经济子系统。资源型城市的产业结构不均衡发展始终是制约城市经济转型，阻碍城市可持续发展的主要因素。转变城市产业结构，减少城市经济发展对于工业，尤其是资源工业的依赖，对于资源型城市经济转型意义重大。因此，在经济子系统中，本书选取第一、二、三产业投资比率，作为调节鄂尔多斯产业结构，提高第三产业投资比重的手段。此外，由于技术进步是促进循环经济转型的主要推动力量，本书选取各产业的科技因子投入，用以评价产业中的科技含量和经济附加值变化情况。

（2）资源子系统。资源型城市与资源系统密不可分，主要体现在资源开发加速了城市经济与社会的发展，但是随着资源的枯竭或是资源价格的下滑，城市经济与社会对于资源长期依赖所产生的不可持续矛盾进一步凸显。此时资源型城市只有尽快实现经济系统和社会系统的去自然资源化，城市才能实现可持续发展。因此，考虑到鄂尔多斯属于煤炭型城市，同时考虑到鄂尔多斯地处中国气候半干旱和干旱的交界区，本书将减少城市煤炭消耗量和工业用水量作为调节鄂尔多斯资源系统的两个变量。

（3）环境子系统。本书在第3章论述了目前资源型城市的生态环境破坏严重，环境系统改善面临着巨大压力的现状。结合前人研究，本书认为环保支出对于改善资源型城市环境系统起到重要推动作用。因此，在政策设计过程中，本节增加了环保支出的比重：较基础情景提高了5%。同时，"三废"的治理一直是环境治理最为关注的问题之一，基于此，本书同样提高了工业废水、工业废气和工业固废的处理率。

（4）社会子系统。人口数量是社会子系统的主要构成因素，本书选取控制人口增减数量的变量——计划生育因子，作为社会系统模拟的主要指标，设置未来生育率较基础情景下降16.7%。

4.3.2.2 转型结果比较

由于政策变量组合方案多样，造成对所有政策方案进行仿真难度极大。本书在综合国内外研究成果的基础之上，结合鄂尔多斯的实际情况，在对单个政策变量进行调控的基础之上，经过反复试验，设计城市不同的转型方向，最终选择出六种代表性较强的方向，作为参照比较的标准，从而对鄂尔多斯未来转型的合理方向进行选择，具体参数调控见表4-6。值得注意的是，各个政策变量的取值并不唯一，而是有一个范围，表4-6中只是列出了其中的一个点估计值。

表4-6　　　　　　　　鄂尔多斯的政策变量参数

转型方向	三产投资比例	第二产业科技因子	第三产业科技因子	环保支出比例（%）	出生率（%）	万元GDP能耗	单位工业用水量
自然发展（方向1）	0.04∶0.57∶0.39	0.186	0.230	9	12	0.6	36
农业（方向2）	0.1∶0.55∶0.35	0.186	0.230	9	11	0.6	36
工业（方向3）	0.03∶0.62∶0.35	0.220	0.230	9	11	0.6	36
第三产业（方向4）	0.02∶0.55∶0.43	0.186	0.250	9	11	0.6	36
环保（方向5）	0.02∶0.55∶0.43	0.186	0.250	12	10	0.5	30
循环发展（方向6）	0.06∶0.53∶0.41	0.220	0.250	12	10	0.5	30

自然发展方向（方向1）：未来的发展趋势与传统方式一致；农牧业发展方向（方向2）：大力扶持农牧业，将其作为鄂尔多斯一个新的经济增长点，同时适当降低城市人口增长速度，减缓人口过多对资源和环境造成的压力；工业转型方向（方向3）：加大第二产业的投资比率，突出工业在城市经济发展中的重要地位；第三产业转型方向（方向4）：重点培育第三产业，同时适当发展第一产业，减少城市经济增长对资源产业的依赖；环境保护转型方向（方向5）：延续第三产业转型方向特征的同时，加强人口增长速度调控，以环境保护和资源节约为主要目标，最大限度减少人类经济活动对于生态环境的影响；循环经济转型方向（方向6）：在保证资源节约、环境保护、资源利用率提高的前提下，充分发展城市经济，强调第一、二、三产业的均衡化。鄂尔多斯在六种转型方向下，城市ERES系统部分指标在未来10年发展的仿真结果见图4-16~图4-19。

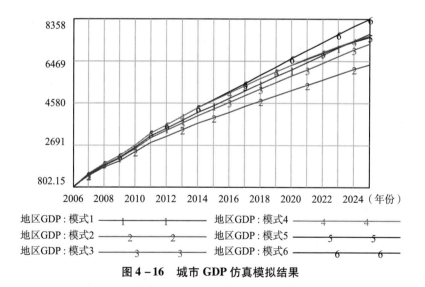

图4-16 城市GDP仿真模拟结果

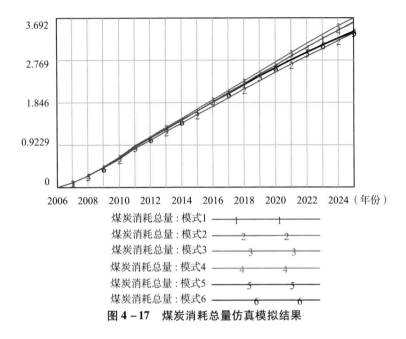

图 4 – 17 煤炭消耗总量仿真模拟结果

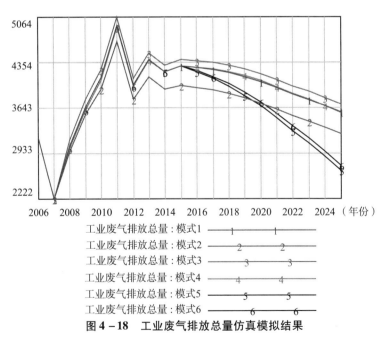

图 4 – 18 工业废气排放总量仿真模拟结果

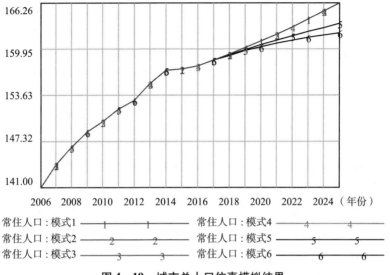

图 4 – 19　城市总人口仿真模拟结果

（1）自然发展。对于正处于成长期的鄂尔多斯而言，依赖充裕的资源优势，城市经济发展仍然具有明显优势，经济增长在六种转型方向中列第二位，城市经济发展潜力相对较大。但是通过观察资源系统的指标发现，未来 10 年的煤炭消耗总量呈持续增加的趋势，增加速率仅次于工业转型方向。环境系统中的工业废水和工业废气排放量虽然总体呈现下降趋势，但是下降速率相对较慢。可见鄂尔多斯沿袭传统的自然发展方向时，在一定时期内仍然具备经济发展潜力，但是这种城市经济增长方式是通过资源的消耗和环境的破坏而形成，不具备可持续性。

（2）农牧业转型方向。城市经济在 2006～2025 年中增加幅度最小，过度地加大第一产业的发展不利于城市未来的经济增长，也不能满足城市的发展需要。由于工业发展的放缓，城市能源消耗下降明显，对于环境的影响也逐渐变小。但是由于倾向第一产业发展，减弱了第二产业科技投入比例，造成工业的清洁生产、节能减排等生产工艺的研发也相对缓慢，工业污染物的排放无法得到有效控制。此外，在城市人口的不断增加双重叠加下，工业生产技术和环境治理技术均无法得到有效改善，造成 2019 年开始，工业"三废"对于环境系统的影响逐渐加大。

（3）工业转型方向。鄂尔多斯的城市经济得到快速发展，GDP在 2025 年较 2014 年上升 78.56%，由于城市固定资产投资以及科技因子投资在第二产业的倾向，第二产业在城市经济结构的比例逐渐扩大，第二产业生产总值在 2025 年较 2014 年上升 46.13%，城市经济发展势头良好。但是值得注意的是，当城市产业结构在逐渐向第二产业倾斜时，到预测年 2025 年，鄂尔多斯的煤炭消耗总量、工业废水、工业废气排放总量在全部六种转型方向中均达到峰值，城市资源系统和环境系统始终处于最高负荷的运转状态。选择这种转型方向产生的直接结果就是城市的经济增长虽然取得了大幅提高，但由于过度的资源消耗和环境污染，会间接影响城市后期的发展速度。由此可知，单纯地依靠工业发展并不适用于鄂尔多斯城市转型。

（4）第三次产业转型方向。经历长期的资源型工业发展，导致鄂尔多斯的经济结构以二产为主。城市第三产业多为生活性服务业或是为资源产业配套服务的一般生产性服务业，三产整体的科技化程度不高、产业附加值偏低。通过第三产业发展转型，加大三产的比重是实现城市经济发展去资源化的有效手段。但是对于鄂尔多斯这种成长型资源型城市，三产基础相对薄弱，如果一味发展三产而忽视工业的发展会造成经济发展动力不足。此外，由于第二产业科技投入的减少，造成工业对城市资源利用的加大和环境污染程度的加深，最终成为六种转型中破坏最为严重的转型方向。由此可知，发展第三产业的转型并不适合目前鄂尔多斯转型。

（5）环境保护转型方向。环境保护转型是指城市提高环保支出比重，把对环境系统的修复和治理作为鄂尔多斯转型的重要工作，在经济产出最大化的基础上，构建资源节约型和环境友好型社会。环境保护转型沿用第三产业转型中对三大产业投资比例及产业科技因子投入比例，同时微降计划生育因子，在保证人力资本充足的条件下，降低人口过度增长给社会系统带来的压力，减轻人类生产活动对于生态环境的影响。最终通过控制工业"三废"排放和环保投资的增加，

达到城市经济与环境的协调发展。通过环保转型后,对鄂尔多斯未来的发展进行仿真,可以看出:

随着资源使用效率的提高和环境保护的改善,城市经济得到快速发展,但是在 2024 年左右,城市经济发展出现动力不足的现象,造成这种现象的主要原因可能是因为第二产业的科技投入不足造成工业生产水平受到限制。同时上文提到,对于鄂尔多斯而言,短期内的三产发展并不能取得明显的经济效益。因此,虽然加大环境保护力度对于城市资源系统和环境系统的修复效果显著,但是第二产业科研投入的不足容易造成鄂尔多斯经济发展缺乏活力和竞争力,不利于鄂尔多斯经济长期的发展。

(6)循环经济转型方向。在对上述五种转型方向进行总结后,通过调整产业投资比例,增加一产、二产和三产的科技因子投入比例,同时遵循环境保护转型对于环境系统中环境保护指标和环境治理指标的调控,以及资源系统中能源消耗指标、资源再利用指标的控制,最后调控社会系统中的人口基数,对于 ERES 系统的相关指标进行调整后的主要目的是使鄂尔多斯实现循环经济的转型。通过对鄂尔多斯未来发展水平进行模拟,本书发现:

循环经济方向的经济增长速率和成效最为显著,城市 GDP 的增长明显高于其他五种转向方向。环境系统的工业"三废"排放量也得到有效控制,工业废气排放量的下降速度虽然在后期稍有放缓,但是随着工业生产技术和环保治理技术的不断提高,工业"三废"的排放量依然有下降空间;此外,循环经济转型的发展也使得城市煤炭消耗量进一步下降,煤炭使用的下降也促进了环境系统的质量改善。最终,通过加大产业科研投入的力度,以及适当的产业调整,达到城市经济发展的去自然资源化,从而起到城市经济发展与资源系统和环境系统的耦合发展。

参照上文的研究,本书以鄂尔多斯的发展为例,为其他资源型城市的转型发展提供理论与实践参考。首先,通过实证研究发现,循环经济转型相较于其他转型更适合资源型城市的可持续发展;其次,从资源型城市 ERES 系统整体来看,四个子系统相互影响,一个系统的改变会引起其他三个系统状态的变化；最后，从各个系统来看，资源型城市的发展受政策调控的变化而变化，不同的政策调控会对不同系统的转型产生不同程度的影响。这需要资源型政府根据自身城市发展特点，确定城市 ERES 系统内不同参数的合理数值，同时建立因势利导的调控机制，从而规划出适宜的循环经济发展方向。

4.4　本章小结

本章以典型的资源型城市鄂尔多斯为例，基于系统动力学方法，以鄂尔多斯转型发展为目的，规划鄂尔多斯转型方向。首先建立鄂尔多斯的 ERES 发展系统的 SD 模型，以鄂尔多斯发展的原始数据为样本，有效地利用鄂尔多斯 ERES 系统中不同子系统之间的相互关系，对鄂尔多斯 ERES 系统内部的不同变量和系统内部之间的关系进行定量分析。其次在总结经验和合理趋势判断下，通过调控政策变量对鄂尔多斯未来城市不同的转型方向进行系统仿真。最后在对鄂尔多斯 ERES 系统发展的仿真结果进行对比的基础上，判断最适合鄂尔多斯转型的循环经济发展方向。通过对鄂尔多斯转型方向的实证研究，佐证资源型城市选择循环经济转型的合理性。

第 5 章

资源型城市循环经济发展机制

本书第 4 章通过实证研究明确，资源型城市可以通过循环经济转型实现可持续发展，因此，对循环经济发展机理的研究对于资源型城市的成功转型意义重大。资源型城市进行循环经济的转型是一场重大改革，涉及多主体、多环节、多层次协同发展，单纯依靠市场自动调节或是政府推动都不能将这项艰巨的任务顺利完成，必须在城市 ERES 系统的内外耦合作用下，形成驱动合力，通过不同环节的信息反馈及时进行有效调控，才能保障资源型城市的循环经济顺利实现。基于此，本章通过对于资源型城市循环经济发展过程中的驱动、运行、反馈和调控发生机制进行分析，从而研究资源型城市的循环经济发展机制。

5.1 驱动机制

5.1.1 驱动主体

早期学界对于循环经济驱动来源的研究认为，循环经济是单纯通过市场这一"无形的手"来实现的自我驱动过程（刘萌、张长元，2002），但事实证明市场存在市场失灵、外部性、公地悲剧等无法调控的因素（吕颖，2009；段学慧，2012）。因此，本书认为资源型城市循环经济的驱动主体应该由政府、市场以及社会公众协同构成。

5.1.1.1 政府政策驱动

由于资源型城市经济发展对于资源具有较强的依赖，一旦资源产业仍然有利可图，资源市场中的企业很难主动进行转型，因此，需要政府通过各种规划与政策的引导。在不同时间和空间尺度上，资源型城市在循环经济转型过程中，个人、企业乃至社会都会与循环经济发生关联，交易成本很高。政府作为城市发展的"掌舵人"，需要在顶层设计层面明确循环经济发展方向，并构建完善的政策、规划、条例等各项制度，鼓励和监督循环经济的发展，才能有效促进市场显著降低交易费用，起到对企业的正面引导作用。因此，有意识的政策推进是资源型城市循环经济发展的最重要驱动主体之一。

5.1.1.2 市场企业驱动

本书所指的市场是作为社会经济活动的虚拟空间，是经济主体之间进行交易的场所，是利益交换的主要载体。在市场经济条件下，市场机制能够引导资源合理配置，同时决定经济活动的走向（刘学敏，2010）。目前资源型城市面临着资源枯竭以及资源价格持续走低的双重压力。对于资源型城市中的经济主体而言，传统的资源经济发展模式已经远不能支持经济系统内部企业的发展，从而间接导致资源型城市的经济发展后劲不足。市场不景气使得经济系统中以经济利益最大化的"经济人"——企业，开始寻求其他方式降低生产成本，提高资源使用效率，增加自身经济效益，这促进了循环经济在资源型城市的发展。

5.1.1.3 社会公众驱动

社会公众对于资源型城市循环经济的驱动主要表现在两个方面：首先是自我感知促进城市的循环经济转型，公众认识到城市经济发展缺乏活力以及生态环境破坏严重的发展现状不利于自身福利的提高，从而将这种城市转型的诉求和意愿反馈于政府和企业；其次是消费思想的转变，消费者对企业"环境责任感"的认同，在产品选择上更加倾向于消费通过清洁生产方式生产的产品，此外，绿色消费模式也更有助于减少社会能源消耗和生活垃圾产生，从不同方面构建循环社会。因此，公众意识提升是资源型城市循环经济驱动力的重要来源。

综上所述，资源型城市循环经济发展的系统内部驱动来源包括政府政策引导、市场企业的升级，以及社会公众意识提升。作用过程主要是基于 ERES 系统的相互调整与适应，从而重组和完善资源型城市社会经济活动，实现 ERES 系统的耦合发展（见图 5 - 1）。

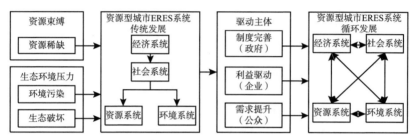

图 5 - 1　资源型城市循环经济发展驱动机制

5.1.2　驱动力作用模型

5.1.2.1　模型基准面构建

驱动力是物理学概念，也称牵引力，是指受发动机动力作用的物体（主要为汽车、轮船等），在发动机给出一个传动力后，驱使物体向着某一方向运行的过程。其中，力的作用方向与物体运动方向相同，力的大小取决于发动机的功率和物体的运行速度。借助物理学的观点，本书将资源型城市的循环经济发展比作一辆汽车，保证其循环经济顺利实现的动力被称为驱动力。同样，按照物理学的观点，这辆"汽车"需要行驶在一条虚拟的"道路"之上，"道路"的构建关系到我们正确认识资源型城市循环经济的驱动机制，也关系到之后本书要讨论的运行机制、反馈机制和调控机制。

陆钟武（2003）等推导了环境负荷与经济发展（人均 GDP）之间的关系。这一人均 GDP 变化与资源消耗的关系被称为"倒 U"型的库兹涅茨曲线，我们称之为"环境高山"理论（见图 5－2），研究认为发达国家已经翻越这座"高山"进入后工业时代即循环经济时代，而我们国家仍然处在翻山阶段。金涌（2009）之后将这一理论细化，认为随着科技水平的不断提高，经济发展与生态问题呈现三维结构，随着科技的进步，环境不和谐度会逐渐下降，这就是所谓的"爬坡"理论（见图 5－3）。

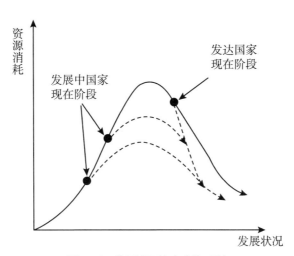

图 5－2 "翻越环境高山"理论

资料来源：陆钟武、毛建素：《穿越"环境高山"经济增长过程中环境负荷的上升与下降》，载于《中国工程科学》2003 年第 12 期。

借助陆钟武、金涌两位专家对于经济发展与资源环境之间关系的研究成果，本书将资源型城市比拟为一辆正行驶在环境高山之上的"汽车"，这辆"汽车"正处于爬坡阶段。只有受到资源型政府的推动、市场内企业的转型或是社会公众的拉动等一系列动力推进，在保障合力大于阻力的情况下，资源型城市这辆"汽车"才能朝着经济增长与资源消耗脱钩发展的方向前进，即我们所描述的循环经济。

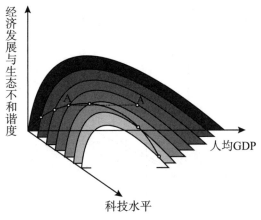

图5-3 "爬坡"理论

资料来源：金涌、阿伦斯：《资源·能源·环境·社会——循环经济科学工程原理》，化学工业出版社2009年版。

5.1.2.2 驱动力模型构建——"爬坡受力模型"

结合资源型城市目前实际发展状况和所面临的制约因素，本书认为资源型城市的循环经济发展受到来自三个方向的力：由经济利益、政治推动、技术升级、社会需求、文化创新的合力构成的拉动力，由环境承载力与城市发展自重（沉淀成本、资本、体制）共同形成的阻碍力以及循环经济运行过程中资源型城市的内部阻滞形成的下滑力。动力与阻力的合力方向决定了资源型城市是否能向循环经济转型。具体的资源型城市循环经济发展驱动力模型见图5-4。

资源型城市循环经济发展正向动力为：

$$F_{动} = F_{经济} + F_{技术} + F_{政策} + F_{社会} + F_{文化} \tag{5-1}$$

这五种动力分别是：$F_{经济}$为经济利益拉动力、$F_{技术}$为技术升级拉动力、$F_{政策}$为政治手段推动力、$F_{社会}$为社会需求拉动力、$F_{文化}$为社会文化创新推动力。

资源型城市循环经济发展逆向阻力为：

$$F_{阻} = F_{合力} + F_{惯性} \tag{5-2}$$

这两种阻力分别是：$F_{合力}$是来自资源型城市循环经济自身经济和社会发展造成的发展自重（沉淀成本阻碍、资本阻碍等制约因素）

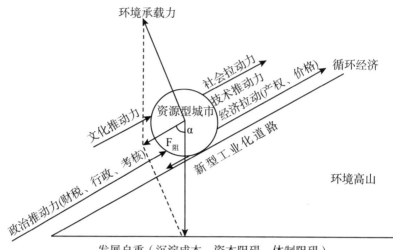

图 5 - 4　资源型城市循环经济发展驱动力模型

资料来源：卞丽丽：《循环型煤炭矿区发展机制及能值评估》，中国矿业大学博士学位论文，2011 年。

和环境承载力形成的合力：

$$F_{合力} = F_G \times \sin\alpha \qquad (5-3)$$

$F_{惯性}$ 为资源型城市自身内部阻滞导致的下滑力：

$$F_{惯性} = \mu F_G \times \cos\alpha \qquad (5-4)$$

$$F_{阻} = F_{合力} + F_{惯性} = F_G \times \sin\alpha + \mu F_G \times \cos\alpha = F_G（\cos\alpha + \mu\sin\alpha）$$

$$(5-5)$$

其中：F_G 为资源型城市循环经济的发展自重；α 为斜面倾角，生态环境越恶劣，α 与就越大；μ 是资源型城市摩擦系数，城市对于资源依赖越严重，μ 就越大。

根据公式（5-5）可看出，发展自重、斜面倾角与摩擦系数阻碍资源型城市的循环经济发展，故通过减少以上三个要素的影响，同时增加生态系统的恢复效果，可以加速资源型城市的循环经济正向发展。

综上所述，资源型城市循环经济的驱动力为：

$$F_{驱动} = F_{动} - F_{阻} \qquad (5-6)$$

5.1.3 驱动力分解

上述模型给出了资源型城市循环经济主要受力作用形式，下面就每一种力的来源与内涵进行剖析。

5.1.3.1 经济利益拉动力

经济利益是推动资源型城市循环经济发展的内生决定性力量。若想真正实现资源型城市的循环经济，务必使 ERES 系统，尤其是其中的经济系统和社会系统的各个利益主体均与循环经济转型紧密相关。其中产权和价格是市场经济利益与城市各主体产生有效联系的基本驱动力量。产权用于明确资源与环境所有权、使用权、经营权，是经济权利的法律化形式，是循环经济主体经济利益的根本保障。价格的主要作用是引导资源的合理配置，可以有效反映资源的稀缺程度，是市场经济条件下利益关系的直接体现。因此通过价格与产权的综合作用，能够利用经济手段促进既得利益者进行循环经济转型。

5.1.3.2 技术拉动力

技术进步是推动资源型城市循环经济发展的直接动力。技术创新是产业演进的重要内在驱动力，产业升级会对社会资源使用效率与城市经济前进速率产生直接影响。

技术创新是资源型城市转型的根本手段，先进技术的研发与应用可以减少能源消耗、提高资源使用效率。同时拓展资源开发利用领域，对于过去难以开发的资源以及共生、伴生资源进行再次开发利用，同时也有利于促进废旧资源回收、分解、再利用等资源再生产业的发展。此外，技术创新也是资源型城市内部产业结构进行调整的根本动力，通过技术进步带动产业集群发展，推动资源型城市经济增长方式由"资源拉动"的粗放型向"技术引导"的集约型转变，促进新兴产业的形成和相关产业升级，对于资源产业链的横向扩展与纵向延伸起到积极推动作用。

5.1.3.3 政策推动力

政策可以加快或延缓资源型城市循环经济发展。经济利益驱动和技术创新驱动是资源型城市循环经济发展的根本驱动力量，但若没有合理的政策和制度保障，循环经济仍有可能面临既得利益者的各种阻碍。

（1）政策对于经济驱动的作用。上文提到过，价格是引导资源配置的主要工具，能有效促进资源的合理分配。在目前资源型城市经济增长方式没有完全转变的情况下，经济仍以粗放增长为主，即使自然资源价格形成机制在市场调节下属于正常情况，但是目前经济发展对自然资源仍呈刚性需求，特别是一旦废弃物再生化的成本高于自然资源价格时，经济主体会选择直接使用原生资源，循环经济模式将失去效用。因此，政策通过价格干预，保证废弃物循环利用的成本小于自然资源价格时，才能实现循环经济的发展。

（2）政策对于技术驱动的作用。现代科学技术对于资源型城市循环经济的发展主要面临两类问题：一是已经研发出提高资源使用效率的新技术，但由于缺乏成果产业转化机制，导致循环使用技术难以投入实际生产，造成相关研究者的利益受损，从而抑制了研发积极性；二是循环经济技术研发与利用的成本过高，循环经济技术从研发到产品或服务落成，需要一系列新生产资料、新劳动力、新生产工艺流程、新生产组织和管理手段，这都需要大量生产要素的重新投资。对于经济发展已经陷入困境的资源型城市来说，这种转型负担沉重，这就需要来自中央到地方各级政府的专项资金扶持，鼓励新技术的研发与使用。

综上所述，单纯的经济利益驱动与技术创新驱动并不一定能促进循环经济的发展，只有建立一套与之相适应的政策机制体系才能保证资源型城市循环经济的顺利实施。

5.1.3.4 社会需求拉动力

社会需求是资源型城市循环经济发展的根本动力。资源型城市具备特殊的地理区位与城市职能，在城市发展初期，政府并未对生态环境保护进行控制规划，在城市发展的半个世纪中，粗放式的发展方式使得城市环境并未得到政府与社会公众的足够重视。资源型城市在20 世纪 90 年代进入发展的黄金时期，经济高速增长，人民物质生活水平得到极大改善，但资源开采造成的环境污染与城市发展对于良好生态环境的要求之间的矛盾愈发突出。此外，资源经济造成的城市发展矛盾也愈发明显，社会系统对于城市的循环经济转型需求加强。

5.1.3.5　文化创新推动力

文化创新是推动资源型城市循环经济发展的后续动力。有研究证明，随着城市物质文明发展到一定程度，文化资本对经济增长产生的贡献逐步扩大，而资源、科技、人力等其他生产要素对于经济的影响则逐渐下降（王云，2012）。

（1）文化决定未来资源型城市循环经济发展走向。对于具有循环发展意识的消费系统而言，城市的循环经济生产与消费文化通过影响消费者的个人偏好和效用函数决定了循环产品的需求数量，从而促进供给方扩大市场中清洁生产产品和再生资源产品的规模，进而促进经济系统对于循环经济的加速转型。对于投资者而言：一方面，节约资源、节能减排、提高资源使用效率的循环经济文化观念影响储蓄率，进而影响资本总额；另一方面，逐利意识和风险偏好也加强了投资者对于循环经济的建设。

（2）文化资本对于经济增长的影响。目前，文化作为一种生产要素直接作用于经济增长的观点被越来越多的经济学家所认同。戴维·斯罗斯比从经济学的角度重新界定了文化资本的概念：文化资本可以通过财富的形式表现文化价值积累，这种积累可能会引起物品和服务的不断流动，形成了本身具有文化价值和经济价值的商品（Throsby，1999）。人类的劳动与自然资本结合首先形成了有形的物质产品，之后随着人类意识形态的提高，人类将思想与精神层面的价值观应用于经济生产与自然资源的结合形成了新的物质形态，这种价值观就是文化对于经济产生作用的过程（王云，2012）。

5.1.3.6 发展自重

资源型城市循环经济发展自重主要由沉淀成本阻碍力、资本阻碍力、体制阻碍力的合力共同构成，这些阻力的产生原因以及对资源型城市的循环经济发展可能会造成的制约已经在本书第3章3.2节进行过详细论述，本节不再赘述。

5.1.3.7 生态承载力

资源型城市中任何经济主体的行为活动都应该在资源和环境的承载范围内进行，以保持城市的可持续发展。因此，本书把环境系统和资源系统的承载力同归为生态承载力，定位为在满足城市社会经济发展的前提下，生态环境所能承载的最大人口数量、能提供的最大自然资源数量以及能容纳的最大环境污染破坏，一旦人类对于资源系统和环境系统的干预超过这个阈值，生态破坏便在这个时刻开始。

5.1.3.8 惯性阻滞

资源型城市在长期的资源影响下形成了独特的资本、文化、技术、政策等城市发展特点。在循环经济转型过程中，这些资源依赖特点所形成的文化锁定、技术锁定、制度锁定、认知锁定等都会成为城市转型的阻碍，这便是本节提到的惯性阻滞。循环经济作为资源型城市对于传统生产生活方式的一场革命，一定会受到来自政府、企业和社会等多方面的压力。虽然上文提过，政府、企业和公众是循环经济的驱动主体，但是一旦传统的生产生活方式还有一定的经济价值，上述三种驱动主体中的任何一方都有可能成为资源型城市循环经济发展的阻力。

5.1.4 驱动因素的局部实证检验：环境压力与经济发展

资源枯竭、生态恶化等资源系统与环境系统的问题严重阻碍资源型城市的经济发展与人民福利的提高。本节从实证角度出发，对资源型城市的环境与经济发展之间的关系进行深层次探讨，试图找出目前资源型城市经济增长与生态环境污染、能源消耗之间的相互关系，从而佐证上文所述的生态环境承载力会成为制约资源型城市循环经济发展的阻力。

5.1.4.1 数据与研究方法

（1）数据来源。本书选择中国126座地级市1999~2014年GDP均值为资源型城市经济增长的指标；1999~2014年各地区能源消耗均值作为资源型城市能源消耗指标；1999~2014年各地区历年工业"三废"排放量与产生量的均值作为环境影响指标用以衡量资源型城市环境压力。具体变量见表5-1，GDP与能源消耗的数据来自各城市统计年鉴（2000~2015年）、工业"三废"的产生及排放量数据来源于各城市环境统计公报（2000~2015年）。

表5-1   研究变量符号表达

变量名称	单位	符号	取对数后符号	一阶差分符号
能源消耗	1×10^4 吨标准煤	NYXH	lnNYXH	ΔlnNYXH
生产总值（GDP）	亿元	GDP	lnGDP	ΔlnGDP
工业废水排放	1×10^4 吨	FS	lnFS	ΔlnFS
工业废气排放	1×10^8 立方米	FQ	lnFQ	ΔlnFQ
工业固废产生	1×10^4 吨	GF	lnGF	ΔlnGF

图5-5反映出1999~2014年资源型城市经济发展、能源消耗以及工业"三废"的排放情况。资源型城市的经济、能源消耗以及工业"三废"的排放量总体呈波动上升趋势，大体呈正相关趋势。另外本书采用了数据对数化处理，通过该处理可以降低数据的波动性，其趋势更加明显，同时可将非线性和非正态分布的数据进行线性化和正态分布处理（易丹辉，2002）。

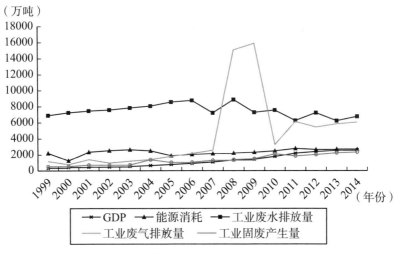

图5-5 资源型城市经济增长与环境压力趋势

（2）研究方法。首先建立生产总值（GDP）与能源消耗（NYXH）代表能源消耗与经济增长之间的关系、生产总值（GDP）与工业废水排放量（FS）、工业废气排放量（FQ）、工业固废产生量（GF）代表经济增长与环境污染之间的关系，能源消耗（NYXH）与工业废水排放量（FS）、工业废气排放量（FQ）、工业固废产生量（GF）代表能源消耗与环境污染之间的关系。在此基础上进行 ADF 检验（孙敬水，2014）、EG 两步法协整检验（Co-integration test）（Engle & Granger，1969）和格兰杰因果检验（Granger test）（Granger，1987），分析 1999 ~ 2014 年间资源型城市能源消耗与经济增长、经济增长与环境污染、能源消耗与环境污染三者之间的关系。

5.1.4.2 研究过程

（1）平稳性检验。首先采用扩展迪基—富勒检验（ADF）法对变量进行平稳性检验（窦睿音，2016），分别对资源型城市的 lnNYXH、lnGDP、lnFS、lnFQ、lnGF 进行平稳性检验。运用 ADF 单位根检验法得出的检验结果见表 5-2。

表 5 – 2   资源型城市环境压力与经济增长 ADF 检验结果

	ADF 值	1% 显著水平	5% 显著水平	10% 显著水平	结论
lnGDP	– 0.9878	– 3.959	– 3.081	– 2.6813	不平稳
ΔlnGDP	– 2.8205	– 4.0044	– 3.0989	– 2.6904	平稳
lnNYXH	– 2.9009	– 5.2954	– 4.0082	– 3.4608	不平稳
ΔlnNYXH	– 7.2364	– 4.8001	– 3.7912	– 3.3423	平稳
lnFS	– 3.0614	– 4.7284	– 3.7597	– 3.3250	不平稳
ΔlnFS	– 10.3388	– 4.8001	– 3.7912	– 3.3423	平稳
lnFQ	– 2.5023	– 4.7284	– 3.7597	– 3.3250	不平稳
ΔlnFQ	– 3.4310	– 4.8864	– 3.8290	– 3.3630	平稳
lnGF	0.7779	– 5.2954	– 4.0082	– 3.4608	不平稳
ΔlnGF	– 10.3000	– 5.2954	– 4.0082	– 3.4609	平稳

结果表明：资源型城市序列 lnNYXH、lnGDP、lnFS、lnFQ、lnGF 为非平稳序列，进而对各变量的一阶差分序列进行平稳性检验，结果显示资源型城市的 lnNYXH、lnGDP、lnFS、lnFQ、lnGF 在 ADF 值小于 10% 的显著性水平下均是一阶单整序列，为平稳序列，说明资源型城市的能源消耗、GDP、工业废水排放、工业废气排放、工业固废产生量原始数列是一阶单整序列，满足协整检验的前提。

（2）协整检验。当两个序列均是非平稳序列，需要在回归之前对其进行差分处理，但是差分有可能造成两个序列之间关系的信息损失。基于上述原因，恩格尔、格兰杰（Engle & Granger，1969）提出了协整理论，以此分析是否存在对非平稳变量的时间序列进行回归而不造成错误的情况。本书在此采用 EG 两步法对生产总值（GDP）与能源消耗（NYXH）、生产总值（GDP）与工业废水排放量（FS）、工业废气排放量（FQ）、工业固废产生量（GF）以及能源消耗（NYXH）与工业废水排放量（FS）、工业废气排放量（FQ）、工业固废产生量（GF）共七组变量关系进行协整检验。平稳序列检验结果见表 5 – 3。

表 5 - 3 　　　　　　　 不同变量组残差序列 e_t 的 ADF 检验

各组变量	残差序列	ADF 值	1% 显著水平	5% 显著水平	10% 显著水平	结论
lnGDP 与 lnNYXH	e_t	− 3.28108	− 4.72836	− 3.75974	− 3.32498	不平稳
	Δe_t	− 6.80174	− 4.80008	− 3.79117	− 3.34225	平稳
lnGDP 与 lnFS	e_t	− 3.12286	− 4.72836	− 3.75974	− 3.32498	不平稳
	Δe_t	− 10.6814	− 4.80008	− 3.79117	− 3.34225	平稳
lnGDP 与 lnFQ	e_t	− 2.74992	− 4.72836	− 3.75974	− 3.32498	不平稳
	Δe_t	− 3.47193	− 4.88643	− 3.82898	− 3.36298	平稳
lnGDP 与 lnGF	e_t	− 8.45682	− 5.12488	− 3.93336	− 3.42003	平稳
lnNYXH 与 lnFS	e_t	− 7.77137	− 5.29538	− 4.00816	− 3.46079	平稳
lnNYXH 与 lnFQ	e_t	− 5.57532	− 5.29538	− 4.00816	− 3.46079	平稳
lnNYXH 与 lnGF	e_t	− 3.52032	− 4.72836	− 3.75974	− 3.32498	平稳

由表 5 - 3 可知，资源型城市 GDP 与 NYXH、GDP 与 FS、GDP 与 FQ 三组的残差序列 e_t 满足一阶单整，GDP 与 GF、NYXH 与 FS、NYXH 与 FQ、NYXH 与 GF 四组变量的残差序列 e_t 是平稳的。因此可以得出资源型城市的生产总值与能源消耗，生产总值与工业废水、工业废气、工业固废，能源消耗与工业废水、工业废气、工业固废存在长期的相互影响，使两者具有相似的发展趋势。

（3）因果检验。因果关系即各个变量之间的依赖性关系（孙敬水，2014）。本书选择格兰杰因果检验对不同变量之间的相互关系进行讨论。

由表 5 - 4 可知，经济增长是能源消耗的格兰杰原因，而能源消耗不是经济增长的格兰杰原因；工业废水与经济增长、工业废气排放与经济增长两两互为格兰杰因果关系；工业固废产生量是经济增长的格兰杰原因，经济增长不是工业固废产生量的格兰杰原因；工业废水为能源消耗的格兰杰原因，能源消耗不是工业废水的格兰杰原因；工业废气排放与能源消耗互为格兰杰原因；工业固废为能源消耗的格兰杰原因，能源消耗不是工业固废的格兰杰原因。

表 5 - 4   研究区不同变量组格兰杰因果检验

原假设	F 统计量	P - 值	结论
NYXH 不是 GDP 的格兰杰原因	0.4406	0.7325	接受
GDP 不是 NYXH 的格兰杰原因	2.4071	0.1657	拒绝
FS 不是 GDP 的格兰杰原因	4.9567	0.046	拒绝
GDP 不是 FS 的格兰杰原因	1.8465	0.2394	拒绝
FQ 不是 GDP 的格兰杰原因	2.7558	0.1344	拒绝
GDP 不是 FQ 的格兰杰原因	2.4168	0.1647	拒绝
GF 不是 GDP 的格兰杰原因	0.7394	0.6726	拒绝
GDP 不是 GF 的格兰杰原因	0.4094	0.7523	接受
FS 不是 NYXH 的格兰杰原因	1.0604	0.4328	拒绝
NYXH 不是 FS 的格兰杰原因	0.1879	0.9009	接受
FQ 不是 NYXH 的格兰杰原因	3.5576	0.126	拒绝
NYXH 不是 FQ 的格兰杰原因	3.7254	0.1182	拒绝
GF 不是 NYXH 的格兰杰原因	2.7228	0.137	拒绝
NYXH 不是 GF 的格兰杰原因	0.4808	0.7075	接受

5.1.4.3 结果分析

1999～2014 年的近 16 年中，资源型城市经济发展与环境之间存在如下关系：

（1）经济增长可以导致能源消耗的增长，而能源消耗的增长却不能决定经济增长。说明资源型城市的经济增长仍然与能源消耗关系密切，并且能源的产出率仍然较低。

（2）从经济增长与环境污染的关系来看，经济增长能导致工业废水、工业废气排放量的增加，反之亦是如此，说明资源型城市仍属于污染导向性经济，经济生产对于环境破坏仍然严重，在经济增长的过程中环境将承受巨大压力。

（3）从能源消耗与环境污染的关系来看，工业废水排放量和工业废气排放量的增加均会导致能源消耗量的增加，而工业固体废物产生量与能源消耗量会互相影响，任何一方量的增加都会影响另一方的变化。由此可见，资源型城市的生产方式仍然较为落后、能源利用结构也不尽合理。

对于资源型城市经济增长与环境压力之间的关系进行实证分析，同时结合资源型城市实际发展情况可以得到目前资源型城市的经济增长方式仍然在持续地对环境构成压力。虽然资源型城市的生产技术、环保技术都在不断提高，但是能源利用结构不合理、污染物排放持续增加等各种原因仍然造成资源型城市环境压力持续增大。这种环境压力的持续性会从经济、资源、环境、社会等各个系统促进资源型城市社会经济活动的重组，这种迫切性直接促进了资源型城市的循环经济发展。

5.2 运 行 机 制

资源型城市循环经济转型发展的过程便是循环经济运行的过程，由运行载体、运行过程（运行条件和运行机理）共同构成了运行机制。

5.2.1 运行载体

载体是系统运行过程的承担者，对于运行载体的识别是资源型城市循环经济运行机制研究的基础。资源型城市是由物质流、信息流、能量流、价值流、资本流等各种要素在城市系统内外相互交织形成的一个复杂网络系统，最终由各环节的循环发展共同构成循环型城市网络（薛冰，2008）。结合前人对于区域循环经济运行载体的研究（齐建国，2006；薛冰，2008），本书认为资源型城市循环经济的运行由循环产业网络和循环社区网络共同构成，两大网络系统承载着资源型城市循环经济的发展，如图5-6所示。

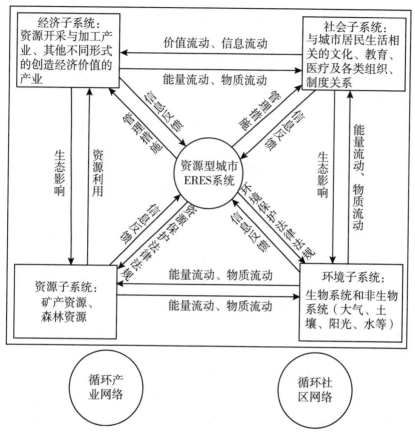

图 5-6 资源型城市循环经济运行载体

5.2.1.1 循环产业网络

产业是为人类经济活动提供各种商品和服务的营利性或非营利性行业的总称。循环产业网络是将不同类型的产业模仿生态学运行规律，在物质代谢的基础上对其进行重新组合，试图通过产业链条的延长达到资源的循环利用和能量的阶梯流动，最终通过资源在产业链条中的闭合流动，在实现经济效益最大化的同时，达到对于资源系统的最少利用和环境的最轻影响。

（1）循环产业网络发展层次。根据产业层次的规律性，循环型产业的活动层次由微观、中观和宏观三个层次组成。其中，微观层次由各种企业组成，各企业根据生态效率的理念，降低产品和服务的物料使用量，加强物质循环，提高产品的耐用性和可回收性从而最大限度地利用可再生资源；中观层次由企业群落组成，主要表现为产业园区聚集，企业按照产业生态学原理组成循环群落，实现物质、能量和信息交互传递，建立各个企业之间的"废弃物→生产资料"传递关系；在全社会消费层次，实现消费适量化和废弃物的资源化和无污染化。

（2）循环产业网络的组成。循环产业网络较过去传统产业网络最大的特点就在于产业分工明确，不同的经济主体按照自然生态系统的运行规律扮演着不同的角色。本书将各企业划分为生产企业（生产者）、加工企业（消费者）和还原企业（分解者）以及物流企业（传递者）四种类型，它们既相对独立又互相影响，不同企业按照生态学规律共同构成了循环经济产业网络。不同种类企业的内涵如下：

①生产者：类似于自然生态系统中的初级生产者，具体任务是资源的开发与初级加工，所开发的自然资源将作为其他工业生产的初级原料和能源。

②消费者：消费者包含两层含义：一层是社会公众层面，指直接对生产企业生产的产品进行使用的社会公众；另一层是企业层面，指的是对生产企业开采的原料进行精深加工的企业，其产品可能是最终产品，也可能是二次产品，之后传递向其他生产企业进行再加工。对于资源型城市而言，生产中间产品的企业一般不直接生产"物质化"产品，而是利用生产企业生产的产品供自身运行，在此基础上生产出生产力和服务，例如洗选业、电厂、冶金、煤化工、机械等产业。

③还原者：相当于自然生态系统的分解者，指的是将各种废弃物资源化，或进行污染物无害化处理的企业，这类企业又被称为静脉产业。

④传递者：不同角色的企业在物质、能量、信息流动的过程中都需要介质进行传递，本书将这种介质称为传递者。承担传递功能的企业一般以目前逐渐成熟的物流业为主。

上述四种不同功能的企业相互交织形成稳定持久的循环型产业网

络（见图5–7）。

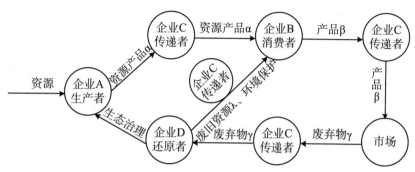

图5–7　循环型产业网络企业角色分担

（3）循环产业网络的特点。

①规模经济性。循环产业网络随着各种相关产业的联结与集聚，相较于以往产业发展模式而言，最显著的特征之一是规模经济性。狭义的规模经济性即为规模的内部经济性，指在生产前期所投入的成本随着产量的不断扩大而降低，即边际成本递减效益。广义的规模经济还包括规模的外部经济性，即实现规模经济所需要的外部条件，如资本市场、运输成本、资源储量等各种因素。循环产业网络正是通过产业链条的横向扩展和纵向延伸，扩大资源利用率，提高废旧资源使用效率，实现集约化生产，减少企业生产成本，增加企业规模收益。

②范围经济性。1980年左右，美国经济学家首次提出了范围经济的概念。范围经济指的是某一个企业通过不断扩大生产产品种类，以此扩大市场份额，在增加企业经济效益的同时，多元化的经营方向也能提高企业的抗风险能力。值得注意的是，规模经济不同于范围经济，规模经济是通过扩大生产规模实现降低生产成本，而范围经济指的是通过扩大生产种类从而增加企业收益。

③高效性。循环型产业网络要求上下游产业链条的延伸，反映到企业层面则表现为资源流通与物质流通的频率逐渐加强，各种产业空间规划更为合理。生产配套设施的共享减少了企业的基建投入成本，信息的通畅增加了企业研发投入的积极性，从而不断提高产业经

济效益。

5.2.1.2 循环社区网络

（1）循环型社区网络含义。所谓社区，通常是指在一定地域范围内，人类生活相互联系而形成的利益共同体。一般而言，其内涵包括了三个方面：一是明确的地域范围；二是具有一定人口规模；三是居民之间有共同的利益与情感诉求，是一个社会联系紧密的利益共同体（宋言奇，2007）。社区是城市社会系统的承载体，大小不一的社区群落组成了一个完整的城市社会结构。

循环型社区网络作为实现资源型城市社会系统循环经济转型的重要载体，首先应该是一个资源高效利用的社会单元，其次应该能够与循环产业网络实现物质循环、能量流动。一个完善的循环型社区网络应该具备以下四个特点：

①紧凑性。紧凑发展是资源节约的重要手段，一个标准的循环型社区必须实现土地的集约利用。在社区居民具备较为舒适的居住空间前提下，紧凑的建筑布局可以满足居民更多的步行达到要求，降低机动车的使用率，从而达到资源能源的节约使用，减少碳排放，起到保护自然环境的可持续发展作用。

②新能源的使用。循环社区网络最主要的特点是循环，以物质、能量、资源的循环来减少碳排放和环境污染，实现人地和谐。因此循环型社区网络必须通过绿色、智慧、低碳、生态、和谐的空间布局、建筑结构与管理手段，及时调整社区运行方式，最大限度地提高新能源等可再生能源的使用。

③资源利用最大化。社区居民作为社区的基础，一人之力难以真正改变资源的有效使用，只有形成联动机制，同时完善社区配套资源回收体系，保障生活垃圾、废旧资源的有效回收，集合全社区之力，才能实现社区网络的循环运转。

④公众参与。马斯洛理论把人类需求由低到高分为生理需求、安全需求、爱和归属感、尊重以及自我实现五个层次。社区作为人类生活的重要空间场所，开放、包容、多元的社区环境，可以满足人类的

大部分需求。循环社区网络的建设强调公众的参与互动，社区居民更多地加入社区循环建设之中，构建循环经济自我监督与信息反馈体系，为社区循环发展出谋献策。同时，更多的交流可以增强居民之间的感情，促进信息沟通，对于促进废旧资源再利用具有积极意义。

（2）循环社区网络构建。在上文对循环型社区的内涵和特点进行阐述的基础上，结合资源型城市社区发展普遍滞后的实际情况，本书为资源型城市循环社区网络构建提出了以下几点建议：

①构建功能混合，适度紧凑的社区空间形态。循环型社区除去传统单一的居住功能以外，还应包括办公、商业、休闲、教育等多元化生产生活功能，更加要求土地利用规划的全面性与社区空间的紧凑性。尽可能节约占地，提高土地利用效率，强调建筑高密度和交通步行可达性的重要性。

②节能减排规划。社区建筑在设计与建造过程中要配套相应能源使用设备，从而高效利用各种可再生能源（如太阳能、风能、地热能等），减少化石能源的使用，降低社区运行对环境的影响。

③绿色交通系统。循环社区鼓励构建绿色交通体系，倡导步行（自行车）优先、公交为主、限制小汽车使用的社区交通网状结构。通过交通道路布局的多样化，引导居民改变出行方式，减少小汽车使用频率。

④资源回收利用体系设计。资源的回收利用除水资源回收外，还包括厨余垃圾回收、废旧生活用品回收等，在社区建设时，应该同时考虑建立相配套的废旧资源回收机构，对不同的资源进行分类处理，最后根据废旧资源的自身特点配送至不同的加工企业或者还原企业，进行二次加工。

⑤信息化建设。循环社区发展的主要表征之一是信息通畅化。通过社区内各环节的信息网络联合，可优化社区运行，节约社区运行成本，减少资源投入和能源消耗。同时可以增加社区与企业联动机制，企业生产行为根据社区居民的实际需要，通过供给侧改革，有针对性地进行产品生产制造，降低物质消耗。

⑥建立社区参与监督机制。社区循环发展需要建立"从摇篮到

摇篮"式的全生命周期的循环发展，建立社区管委会，选择相应第三方机构对社区循环运行的每一项过程进行管理和评估。通过社区层面的组织，引导社区公众参与社区建设，落实社区自治。

5.2.2 运行机理

5.2.2.1 运行条件分析

由上一节构建的资源型城市的循环经济"爬坡受力模型"可知，资源型城市的循环经济发展正处于爬坡阶段，我们设其发展的加速度为 a：

$$a = (F_{动} - F_{阻})/m \qquad (5-7)$$

其中，a 为资源型城市循环经济发展的加速度；$F_{动}$ 为资源型城市循环经济发展的动力之和；$F_{阻}$ 为资源型城市循环经济发展阻力的合力；m 为资源型城市发展质量规模。

$$m = \rho V = \frac{4}{3} \rho \pi r^3 \qquad (5-8)$$

其中，m 为资源型城市的经济体量与城市规模；ρ 为资源型城市发展密度，转型制约因素越大，城市的密度越大；V 为资源型城市发展体积；r 为发展球体半径，发展速度越快，则球体半径越大。资源型城市循环经济发展的加速度与循环经济发展动力和阻力和的差值成正比，与资源型城市的质量规模成反比。

运行的起步阶段，a>0，即在 $F_{动} - F_{阻} > 0$ 的条件下，资源型城市才可能向循环经济方向启动。故资源型城市循环经济的运行条件为：

$$F_{动} > F_{阻} \qquad (5-9)$$
$$F_{阻} = F_G (\cos\alpha + \mu\sin\alpha) \qquad (5-10)$$

而对于资源型城市而言，由于长期依赖资源开发造成的资源型经济结构造成城市发展自重 F_G 较大。因此，在资源型城市循环经济发展初期，为克服发展阻力，整个城市系统需要依靠政府推动引导，完善制度建设，通过法律法规约束和政策扶持，对资源型城市进行循环经济建设。综上所述，资源型城市实现循环经济的运行条件初始阶段为公式（5-9）。

政府通过建立废弃资源回收制度和产权制度改革，加速构建循环型产业网络和循环社区网络。当资源型城市在政府推动作用下开始向循环经济运行时，市场机制将在此时成为资源型城市循环经济发展的主导。

一旦资源型城市实现循环经济的运行，根据动力学原理，保证循环经济持续运行的条件转变为公式（5-11），即循环经济的动力大于或者等于其阻力即可满足资源型城市持续的循环经济转型。

$$F_{动} \geqslant F_{阻} \tag{5-11}$$

5.2.2.2 运行过程

资源型城市的循环经济发展是资源型城市在政府干预、民众参与基础上通过市场自发调控的一种复合生态经济形式，其目的是实现ERES系统的四效共赢。因此，本书认为，资源型城市循环经济的运行方向是通过不同调控方式的作用，从而实现资源型城市的可持续发展的过程，具体的调控手段与方式将在本章5.4节进行介绍，此节不做赘述。

上节提到，资源型城市循环经济的运行载体是由循环产业网络和循环社区网络协同构成。前者通过改善资源型城市的经济系统运行方式，后者通过改善资源型城市的社会系统运行方式，以求达到资源通过生产企业从资源与环境系统提取之后由传递企业→消费企业，经过消费企业精深加工后再传递→社会系统，资源产品在循环社区网络系统中汇集流动之后再由传递企业→还原企业，还原企业深度挖掘其中有价值的废旧资源→消费企业，将失去用处的废弃物通过环保手段进行无害化处理后排向环境系统，保证废弃物的排放量始终处于环境系统阈值范围内。通过资源在资源系统→经济系统→社会系统→环境系统/经济系统的循环流动，实现ERES系统的耦合共生发展，其具体运行方向见图5-8。

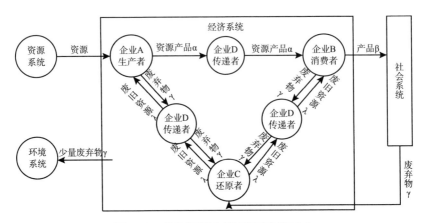

图 5 - 8　资源型城市循环经济运行方向

资料来源：薛冰：《区域循环经济发展机制研究》，兰州大学博士学位论文，2009 年。

5.3　反馈机制

对于资源型城市这种复杂巨系统而言，循环经济运行的各个环节中的运行要素都可能是发出方同时也是接收方。不同对象之间以信息作为载体，通过不同媒介进行传递，从而促进资源型城市循环经济的正向运行。

5.3.1　反馈机制的属性

系统和环境之间通过信息的交换降低系统的无序性而提高其稳定性。在资源型城市循环经济系统中，反馈机制主要是通过信息流在ERES 系统各元素间的传递和作用，实现对循环经济运行进行调控，从而达到资源型城市循环经济转型的目标。

不同于资源型城市循环经济发展的驱动机制、运行机制和调控机制，反馈机制在资源型城市的循环经济发展中起到的是承载作用。不论是循环经济的何种发展机制，都是依靠资源型城市 ERES 各个系统的信息流通来实现不同机制的相互运作。反馈机制正是在这些信息的流通过程中起到了链接、纽带的作用，其中尤其与调控机制连接最为紧密（见图5-9）。

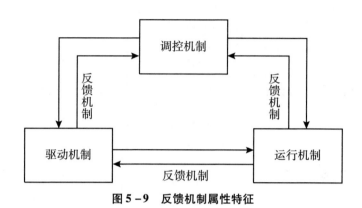

图 5-9　反馈机制属性特征

5.3.2　反馈信息交流平台构建

信息反馈是调控机制实现的保障，构建公开、透明、公平的反馈信息交流平台成为满足政府、企业和社会公众及时了解城市各系统循环经济发展现状，攻克城市循环经济发展壁垒的重要手段。

结合资源型城市循环经济发展实际特点，本书构建了资源型城市循环经济信息交流平台（见图5-10），由政府管理与服务平台、企业管理与服务平台、公众管理与服务平台以及数据共享与整合平台组成。该平台利用现代信息交流平台如计算机和网络等，在传统媒体的辅助下，构筑虚拟与现实相结合的信息交流平台网络，通过对资源型城市循环经济相关信息进行采集、分类、储存、处理、评价、分析、发布和管控，为资源型城市循环经济发展提供基础支撑信息，满足政府、企业、公众对信息的高效处理和利用。

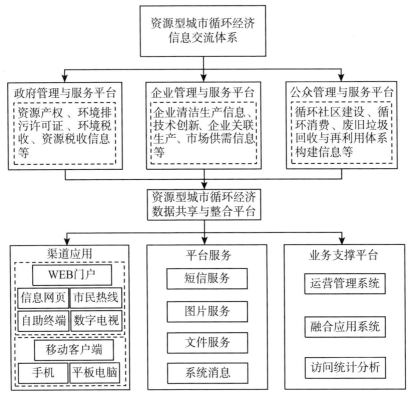

图 5 - 10　资源型城市循环经济信息交流平台

5.3.2.1　政府管理与服务平台

政府管理与服务平台针对公众→政府、企业→政府的反馈方式，在对企业和公众反馈信息的收集、分类、处理和诊断的基础上，构建资源型城市的资源产权制、资源税、环境税等政策指令。

5.3.2.2　企业管理与服务平台

企业管理与服务平台主要针对政府⟷企业、企业⟷企业、公众⟷企业和研发机构⟷企业等反馈方式构建。其主要作用是帮助企业实现清洁生产技术、循环再生技术、市场准入条件、市场供需情况等信息的交流，从而实现企业生产全过程的循环经济信息公开化。

既有利于政府、公众与企业信息交流和数据交换的透明化，又能保证企业在事前的项目选择、事中的清洁生产和事后的资源流动实现全过程的循环发展。

5.3.2.3 社区公众管理与服务平台

社区公众管理与服务平台指政府←→公众、企业←→公众、公众←→公众等反馈方式的构建，主要通过政府平台和企业平台中嵌入的公众信箱、反馈模块等来实现。而公众与政府和企业之间的直接沟通则是通过政府信访接待和企业生产参观等方式实现。

5.3.2.4 数据共享与整合平台

数据共享与整合平台是循环经济信息交流平台建设最重要的环节。政府平台、企业平台对共享平台提供支持。信息收集和发布的主要渠道有 WEB 门户、移动客户端和传统媒体三种类型；信息发布方式主要通过短信、图片、文件等；整个数据共享与整合平台的业务支撑体系由运营管理、融合应用和数据分析三大系统支撑。

5.4 调控机制

资源型城市的循环经济系统是一种人工组成的社会经济运行系统，该系统不具备自然生态系统健全的物质与能量流动体系，需要人为调控其发展方向与速率。此外，由于"经济人"有追求利润最大化的特性，造成资源型城市并不具备自组织机制。若想实现资源型城市的循环经济转型，应当补充和完善调控机制，以便及时优化发展路径，保障循环经济顺利施行。

5.4.1 调控主体

本章的 5.1 节与 5.2 节已经分别对资源型城市循环经济的驱动机

制与运行机制进行了讨论，发现资源型城市循环经济是由政府、企业和社会公众三大驱动主体共同构成，运行载体也是由企业和公众分别构成的循环产业网络和循环社区网络组织实施。反映在调控机制上，资源型城市循环经济的调控主体是与其相对应的政府、企业和公众。然而对于目前市场经济并不完善、计划经济仍然占据主导地位的资源型城市而言，政府仍然是其循环经济发展最主要的调控者，资源型城市循环经济调控主体关系见图 5 – 11。

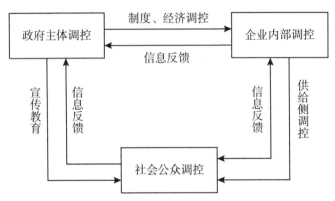

图 5 – 11　资源型城市循环经济调控主体相互关系

5.4.1.1　政府主体

在循环经济发展中，政府对于城市循环经济运行主要是通过各项法规制度明确资源储量和环境阈值，监管经济活动主体在法律法规限定的范围内高效合理地使用资源和生态环境，同时鼓励社会群体培养绿色的生活习惯和消费模式，构建全社会立体的循环经济发展。本书认为资源型政府主要是通过以下四种方式对城市循环经济进行调控：

（1）制度调控。

首先，明晰资源与环境产权。对于资源与环境产权建设体现在三个方面：一是设定专门资源产权，可以采用许可证、管理权、开发权等规定明细土地、矿产、森林等自然资源的产权；二是建立多种所有制结构，不同资源类型以及不同开发程度的资源型城市根据自身发展实际情况建立国有制、股份制、合资合作制等多元所有制结构；三是完善环境产权制度（排污权），该项制度是以经济手段通过非强制的方式，刺激经济主体对生产方式主动进行转变，是市场经济运行条件下行之有效的环境管理方法。如若通过制定合理的制度，将资源和环境相关要素纳入生产要素和生产成本，经济主体则会在生产和消费过程中自觉遵循"成本—效益"的原则，从而转向循环经济，使资源得到高效利用。

其次，行政考核。行政机制与考核手段相结合可以有效监督资源使用，通过考核机制的监督对于预防资源浪费鼓励再生资源发展具有积极作用。一是建立行政奖惩制度。对在循环经济发展中起到引领作用的科研机构、企业公司，甚至社区进行政府鼓励，反之对环境造成严重破坏的单位给予相应的法律与经济制裁；二是减免循环企业行政收费，提高循环企业产品的市场竞争力；三是加大"门槛"政策实施力度，对高耗能及高污染行业实施严格的行业准入政策，从源头杜绝资源浪费的可能性；四是建立健全监督考核机制，把循环经济中的"3R"原则纳入社会经济发展综合考评体系。通过鼓励与约束相结合的方式促进资源型城市的循环经济转型。

（2）经济调控。

首先，价格激励。循环经济发展下的资源环境价格是在政府干预情况下形成的市场价格，在明确资源环境产权的基础上，政府有责任引导环境和资源的合理定价，从而带动社会的循环经济转型。一是建立自然资源的有偿使用制度，形成不同价格机制，使得初次资源实际使用价格高于循环资源价格，引导循环资源生产的产品份额逐渐高于初始资源生产的产品；二是对资源税收进行重新定价，将传统资源价格的从量定额征收改为从价计率征收，以保证资源价格时刻符合市场现状，强化对资源的保护。

其次，财政扶持。财政扶持实质上是资源收益再分配过程，是政府通过经济手段调控循环经济发展的集中体现。对于新常态背景下的大部分资源型城市，财政收入甚至出现下滑的局面，而循环经济在产业层面的发展既需要大量投入又不能即刻带来经济收益，因此资源型政府需要设计一套更为经济的财政支配体系：一是设立循环经济财政专项经费；二是加大财政专项经费转移支付力度，保证专项经费中中央财政经费的比例占绝大多数，通过地方政府与上级政府的协调发展，保障资源型城市循环经济的顺利推行。

最后，税收倾斜。税收是市场经济环境下政府对经济主体经济行为进行调控的有效手段。资源型城市税费调控需要走精准路线：一是设立专项资源利用与环境保护税，对于直接或间接利用资源、破坏环境的经济主体收取专门费用，例如垃圾税、燃料税、地下水税等；二是更新传统资源税，对于早期建立的税率远低于资源实际价值的资源补偿费进行重新定价，以体现资源的稀缺程度；三是削减循环经济发展各项税收，通过降低循环经济相关技术的交易成本，加快其实际投产，通过加速折旧、税收抵免、延期纳税等方式减轻企业循环经济转型负担。

（3）循环经济配套机构调控。循环经济涉及资源型城市多种子系统、多种经济主体，因此循环经济配套机构的多元化是保障城市循环经济发展的基础，政府作为循环经济的主要调控者需要直接或间接地扶持这些机构的建立：一是建立行业协会，行业协会作为行业发展的权威组织机构，可以科学制定循环经济发展准则，并对行业内的各企业实施监管；二是配套专业循环经济研发机构与资源回收利用机构，有利于促进循环经济产业化，降低循环经济研发成本，同时将零散的资源回收个体户统一管理，并予以经济扶持，有利于提高废旧资源回收利用率、减少资源回收利用成本；三是设立第三方监督机构，独立于政府与企业之间，并由政府赋予监督权，通过对社区、企业、社会的循环经济发展情况进行考察监督，为资源型城市循环经济提供科学评价。

（4）文化体系建设调控。资源型城市大都具有自己独特的资源文化，这种文化里也包括资源依赖的惰性思想，这种依赖性成为制约资源型城市循环经济发展的重要阻碍。作为资源型政府，务必从自身出发，在顶层政策设计上改变这种惰性思想，为资源型城市建立一种循环、绿色、生态环保、节约的社会形态。同时推动创新文化在经济发展中的思想，改变"坐吃山空"式的经济发展思想，只有将创新作为城市的文化精髓，才能在今后的发展中重新夺回主动权。

5.4.1.2 企业参与

企业作为资源型城市经济行为的主体，与资源系统联系最为紧密，对环境系统影响最为深远，是社会系统与资源和环境系统联结的纽带，也是城市循环经济的重要调控者。虽然市场经济存在一定程度弊端，造成资源企业一旦有利可图很难自发进行循环经济转型，但是在政府调控手段推动下，企业可以通过生产方式的转变，从供给侧推动城市循环经济发展。其主要调控行为表现在以下两个方面：

（1）生产技术调控。本章 5.2 节介绍过，技术进步是循环经济发展的重要推动力量，而技术升级主要通过企业研发部门实现。在政府对循环经济发展的各项制度政策扶持下，企业通过清洁生产技术研发，减少能源消耗与资源投入，从生产全过程控制废弃物的产生。通过产业链条的延伸，建立产业间的循环利用链，促进物质流在不同产业间的流动，提高资源使用效率，增加产品附加值，促进城市产业循环经济的发展。

（2）社会责任感调控。企业的社会责任感是指企业在创造经济价值，向企业的股东承担法律责任的同时，还要对自身员工、社会消费者以及所在地区和环境承担相应的责任（刘学敏，2010）。一个具有高度社会责任感的企业，会将自身经济发展与社会效益、资源效益和环境效益紧密结合，不断提高企业正外部效益。在生产过程中严格把控废弃物的排放和资源高效利用原则，在企业运行过程中实施生态管理，在产品销售过程中实施绿色营销，即使产品被使用后，依然会肩负对产品进行废弃物资源化的管理责任，通过供给侧引导社会系统循环经济消费。

5.4.1.3 公众协作

社会公众作为循环经济的运行主体，通过直接调控和间接调控两种方式带动城市社会经济系统与资源环境系统的耦合发展。资源型城市社会公众对于城市循环经济的调控主要通过以下两种方式：

（1）从市场需求侧倒逼企业循环转型（间接调控）。社会公众通过养成理性的消费习惯，优先选择清洁生产企业产品、简易包装产品、废旧资源再利用产品等方式，营造一个循环、绿色、低碳的消费市场，从消费市场倒逼生产企业转变生产方式、提高生产效率实现循环发展，只有实现供给侧转移的企业才能占据更高的市场份额。社会公众通过消费市场循环化倒逼产业生产循环化的方式，提高资源优化配置结构，在减少资源浪费的同时提高企业生产效率与经济利润，实现 ERES 系统的四效共赢。

（2）循环生活方式构筑社会循环经济网络（直接调控）。资源型城市的主导产业多是矿石采选业、能源化工、装备制造等重工业，生产的产品也并不能直接被普通消费者所利用，所以单纯通过改变消费模式对于倒逼企业生产方式的转变效果仍然有限。资源型城市中的公众改变生活习惯才是决定城市社会循环发展的重要手段。以家庭单元为基础，养成垃圾分类处理、生活用水回收利用、废旧资源再利用、低碳出行、适度消费等绿色、低碳、循环的生活方式，对于营造社会循环发展结构具有积极促进作用。

5.4.2　调控框架

循环经济调控主体在资源型城市所搭建的调控框架可以比拟为资源型城市系统内部的中央处理器，通过各系统、各环节中的信息反馈，及时对正处于爬坡状态下的资源型城市这辆"汽车"进行"保养维修"，确保城市各系统之间协同合作，共同实现循环经济发展。

5.4.2.1　资源型城市系统框架

资源型城市的循环经济调控框架主要由 ERES 四个子系统调控机制协同构成（如图 5-12 所示）。四个子系统在调控主体的共同干预下实现社会经济活动与资源环境的耦合发展，最终实现整个城市系统的循环经济运行。

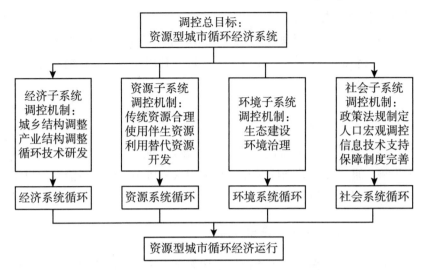

图 5 – 12　资源型城市循环经济调控机制框架

5.4.2.2　经济子系统调控

经济子系统循环经济调控机制架构是由城乡结构、产业结构以及循环技术研发三个模块构成。

（1）城乡结构调整指的是建立一个城市化进程适度发展，生产生活要素统筹分配，物质、能量、资源在城乡之间合理流动的城乡结构体系。

（2）产业结构调整要求建立一个资源节约使用，低投入、低消耗、高产出、低废弃，动脉产业与静脉产业集约发展的高效产业体系。

（3）循环技术研发需要建立一系列与产业发展相配套的资源利用研发机构，保证资源使用减量化的同时能够实现经济的增量发展，同时，通过新技术、新产品的研发，促使企业供给侧转型，激发城市经济发展活力。

5.4.2.3　资源子系统调控

资源子系统循环经济调控机制构架是由传统资源、伴生资源和替代资源三个模块组成。

（1）对于传统资源的使用要坚持走节约合理使用的道路，政府需要完善资源产权制度，通过合理定价，利用经济杠杆杜绝经济主体对于资源的浪费使用。

（2）加大共、伴生矿的研发速度，提高过去被作为废弃物的资源的使用效率，减少资源流失。

（3）加大替代资源的开发力度，鼓励新能源尤其是可再生能源的发展。此外，完善新能源开发与利用保障机制，确保新能源项目能实际投入社会经济活动中。

5.4.2.4 环境子系统调控

环境子系统循环经济调控机制构架是由生态建设机制和环境治理机制两个模块构成。

（1）生态建设包括生态文明建设与生态修复，生态文明建设指的是人类尊重自身、生态、社会和谐等客观规律而取得的物质与精神成果的总和，是从思想高度对资源型城市生态建设进行定义；生态修复是从基础工作层面对已经造成严重破坏的资源型城市生态系统进行重新恢复，是从技术层面对环境系统进行治理。

（2）环境治理主要包括环境修复和环境保护两层含义，环境修复是对资源型城市长期资源开发利用所累积的环境污染问题进行综合整治；环境保护是从健全的环境保护监督机制角度出发，对企业的生产行为实施监督与评估，对于生产各个环节造成环境污染的企业进行相应的处罚，同时提供相应的清洁生产技术支持，从而降低环境污染的发生概率，减少环境问题对于资源型城市循环经济发展造成的影响。

5.4.2.5 社会子系统调控

社会子系统循环经济调控机制构架是由政策法规、人口调控、信息技术和保障制度四部分构成。

（1）政策法规的制定是政府作为调控主体对循环经济最主要的

调控措施，设立专项循环经济的环境保护法规、废旧资源再生化法规，鼓励静脉产业发展政策等各项制度的完善，对于资源型城市循环经济的转型具有决定性作用。

（2）人口是社会系统的主体，是资源型城市循环经济的主要推动力量。资源型城市需要根据城市自身的环境容量和经济发展水平构建人口规模适度、素质较高的人口体系推动城市循环经济的发展。

（3）信息化的根本目的是发挥数字化信息手段在调控资源型城市生态经济系统物质循环、能量流动方面的作用。突出重点，将企业生产信息化作为城市信息建设的重点，促进社会不同主体信息化发展，提高资源使用效率，推进节能工作，同时完善信息交流平台，提高各系统间的信息共享度。

（4）资源型城市的社会发展存在收入分配不公、高失业率、住房条件低、社会保险覆盖度差等诸多影响社会和谐发展的问题，城市有必要建立完善的社会最低保障体系，从科、教、文、卫等各个方面，保障城市居民生活基本质量，促进社会体系均衡发展。

5.4.3　调控机理

通过驱动主体对资源型城市循环经济发展进行驱动后，城市在运行主体的支撑下开始朝着循环经济方向运行，高效的调控机制可以比拟为城市循环经济发展系统的中央处理器，对于城市各系统之间的信息反馈及时处理，从而优化出最为科学、高效的系统之间的重组路径，及时对资源型城市循环经济进行调整，从而保障城市循环经济的顺利运行。

资源型城市循环经济的调控模块总共由四部分组成，分别是调控目标、调控指令、调控主体、调控对象（如图 5-13 所示）。具体的资源型城市循环经济调控过程由以下几步构成：

首先，资源型城市的循环经济调控是由政府、市场、公众三部分组成的调控主体对由 ERES 各子系统组成的调控对象发出调控指令，四个系统内的各种对象分别按照预先设定好的循环经济模式进行运行，从而实现各个系统的循环经济发展目标，即系统的调控分目标；此时，若是 ERES 各系统通过监督评估机制发现未能实现循环经济运行，则通过信息交流平台重新把失衡发展情况及时反馈给相应的子系统，系统重新制定调控措施重新对子系统进行调节，直至系统恢复循环运行为止。

其次，当 ERES 子系统全部实现循环经济运行后，再由各子系统之间相互融合，若 ERES 各系统之间能够耦合发展，则认为资源型城市实现了循环经济发展，若不能耦合，则同样通过反馈机制将信息传递给相应调控主体，重新设计循环经济调控手段对系统进行调整，直至循环经济顺利运行。

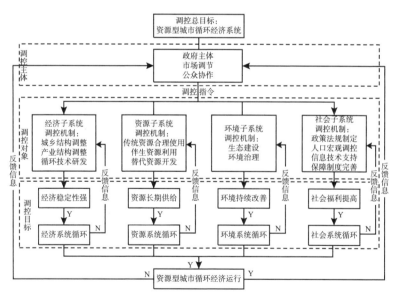

图 5 - 13　资源型城市循环经济调控模型

资料来源：卞丽丽：《循环型煤炭矿区发展机制及能值评估》，中国矿业大学博士学位论文，2011 年。

5.5 本 章 小 结

本章旨在对资源型城市循环经济发展机理进行剖析，从驱动机制、运行机制、反馈机制和调控机制全面构建资源型城市的循环发展机制。

首先厘清资源型城市循环经济的三大驱动主体：政府、企业和社会公众，以"环境高山"理论为模型基准面构建资源型城市"爬坡受力模型"，对其具体受力情况进行分解，并通过格兰杰因果分析法对资源型城市 1999～2014 年的经济增长和环境压力之间的相互关系进行实证研究；其次，构建循环产业网络和循环社区网络两大循环经济运行载体，并分析其运行过程和运行机理；再次，构建资源型城市循环经济信息反馈交流平台，确保循环经济发展信息在不同调控主体之间的传递；最后，明确由政府、企业和社会公众共同构成的循环经济调控主体，构建循环经济调控框架，从调控主体、调控对象、调控指令和调控目标的关系对资源型城市调控机理进行讨论，建立资源型城市循环经济系统调控模块。

第 6 章

资源型城市循环经济发展模式

资源型城市循环经济发展的本质是城市社会经济活动的重组，本书的第 5 章已经对资源型城市循环经济发展的驱动机制、运行机制、反馈机制以及调控机制进行了阐述，在此基础上本章构建了资源型城市循环经济发展的一般模式。值得注意的是，不同类型的资源型城市资源依托不同，城市经济系统发展各有特点，若是以偏概全地制定一种通用的循环经济发展模式不免管中窥豹，缺乏针对性。因此，本章根据不同资源产业的特点，在资源型城市循环经济发展的一般模式基础上为其设计相适应的经济系统与循环产业网络的循环经济发展模式，以求为不同类型的资源型城市循环经济发展提供理论与实践指导。

6.1 循环经济发展一般模式

资源型城市循环经济发展的最终目的是通过对于城市中人类社会经济活动的重组，提高资源使用效率，减少资源的使用和环境的污染，以求达到 ERES 系统的可持续发展。本书对于资源型城市循环经济发展模式的设计是基于不同调控主体通过信息反馈机制对相应的对象进行合理调控，以保证资源型城市的社会经济活动在资源和生态环境的可控制范围，实现可持续发展。

6.1.1　构成元素

　　资源型城市的循环经济是在政策、科技、市场等一系列内外动力的驱动下，通过循环产业网络和循环社区网络构成的运行载体，在政府、企业和社会公众三大主体的共同调控下构成的一种重新组合的社会经济运行模式。由此可见，资源型城市的循环经济发展模式是在资源系统和环境系统的承载空间下由政府、循环产业网络、循环社区网络形成的"三个模块"，由经济、资源、环境和社会组成的"四个系统"共同构成，资源型城市循环经济发展一般模式见图6-1。

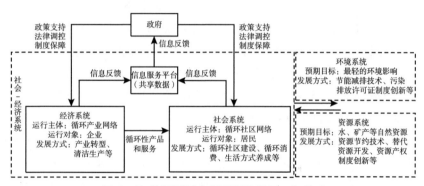

图6-1　资源型城市循环经济发展一般模式

6.1.1.1　"三个模块"组成

　　（1）政府模块。政府即是循环经济的驱动主体，同时也是循环经济的调控主体，对资源型城市的循环经济转型起到关键作用。政府通过政策、条例、法规等制度体系的建设推动资源型城市的循环经济转型。而具体的驱动与调控作用方式已经在本书第5章发展机制中进行过详细论述，本节不做赘述。

　　（2）循环产业网络模块。循环产业网络作为资源型城市循环经济的运行载体，是资源型城市经济系统的组成单元，是城市循环经济发展的主要推动者也是主要受益者。循环产业网络是通过产业链条的横向扩展和纵向延伸来完成物质流、能量流和价值流等各种要素在不同经济主体之间的联通，从而达到降低资源使用和能源消耗的目的，最终通过经济系统的循环发展促进城市各系统的循环。

（3）循环社区网络模块。循环社区网络作为资源型城市循环经济的另一运行载体，代表着资源型城市的社会系统，是推动资源型城市循环经济发展的主要力量，是城市循环经济发展的主要实践者也是主要获益者。循环社区网络是社区内的不同家庭单元，通过不同单元的物质、能量、信息等要素在系统内部循环以及与经济系统通过信息反馈搭建的外部循环共同构成的循环经济运行系统。

6.1.1.2 "四个系统"组成

（1）经济系统。经济系统由不同种类的循环产业网络组成，而资源型城市的经济系统主要是由资源型产业网络组成。资源产业是资源型城市中对资源系统利用最大，对环境系统影响最深的经济主体。另外，由于资源产业的不同，资源型城市的经济系统发展结构多样，经济系统的循环经济发展设计不能以偏概全，这也加大了资源型城市经济系统循环经济发展模式设计的难度。

（2）资源系统。资源系统是资源型城市经济发展的支柱。由于不可再生资源生长周期漫长，人为干预并不能加速其生长，所以总体来说，资源系统尤其是不可再生资源系统属于储量不断减少的系统。资源系统的循环经济转型需要通过政府设置的各种资源税收、明确资源产权等制度，或通过提高资源使用重复率，开发可再生资源等生产工艺的升级，来减弱社会经济活动对于资源系统的影响，而这种方式具有普适性，适合任何种类的资源型城市资源系统的发展。

（3）环境系统。环境系统同资源系统一样，均属于社会经济活动的承载体，为人类生产生活提供必需的物质基础和发展空间。对于资源型城市循环经济发展来说，只有生产生活对环境系统影响在其阈值范围内，资源型城市才能不断从环境系统中得到回报，反之，环境系统会丧失其净化功能，成为循环经济发展的制约因素。因此资源型城市需要通过研发节能减排新技术、设立排污许可证制度等一系列方式减少社会经济活动对环境的影响。而这种方式同样具有普适性，适合任何种类的资源型城市环境系统的发展。

（4）社会系统。社会系统的循环经济发展由种类繁多的循环社区网络构成，通过社区内部循环与外部循环相交叉的方式形成社会循环消费体系，共同构成资源型城市社会循环网络，这种社会系统的循环路径适用于任何类型的资源型城市。

6.1.2 元素之间的关系

6.1.2.1 "三个模块"之间相互关系

资源型城市的循环经济发展一般模式是通过政府对于城市循环产业网络进行调控，来实现经济系统的循环发展；通过政府对于循环社区网络进行调控，从而实现社会系统的循环发展；循环产业网络通过生产方式的改变为循环社区网络生产出低碳、绿色、循环的产品和服务，通过供给侧结构性改革引导循环社区网络消费；循环社区网络通过购买资源再生产品倒逼产业循环转型。同时三个模块通过循环经济数据共享平台，及时进行信息反馈，沟通城市运行过程中的循环经济发展现状、困境以及未来方向，三者的信息交流平台见图 5-10。通过三个模块的互相影响、相互作用，实现资源型城市社会经济活动对于资源系统的最小利用，对于环境系统的最弱影响。

6.1.2.2 "四个系统"之间相互关系

资源型城市的循环经济发展一般模式是由 ERES 系统协同完成。但是资源系统和环境系统作为城市发展的主要空间承载体与物质供给方，在城市的发展中属于被动方发展，即这两个系统的发展方向是由城市中的人类社会经济活动所决定。良好的发展模式可以使人类从资源系统获得丰富的资源供给，在良好的环境系统中进行生产生活，但一旦人类行为超过了资源和生态环境的载荷量，资源型城市的可持续发展能力将遭到破坏。因此，资源型城市循环经济发展模式的设计也是资源型城市对于自身社会经济重新组合的过程，通过将经济系统和社会系统的生产生活效益发挥到最大限度，而对资源系统和环境系统的影响控制在最小限度内，从而达到 ERES 系统耦合发展的目标。

通过对资源型城市循环经济发展模式中的"三个模块"和"四个系统"之间的关系进行讨论，本书认为资源型城市的循环经济发展模式一般模型中，"三个模块"的政府和社会模块，"四个系统"的资源系统、环境系统和社会系统的运行方式与调控方式基本相同，可以作为一种通用模式来进行设计。值得注意的是，资源型城市由于资源产业的不同导致经济系统发展类型多样，在对资源型城市发展模式进行设计的实践过程中，需要根据不同城市的资源产业类型有针对性地对经济系统的环节进行重新设计，以适应各类资源型城市的循环经济发展要求。

6.2　经济系统循环经济发展模式构建

上节对资源型城市循环经济发展一般模式构建过程发现，由于不同资源型城市的经济发展方式不同，所以针对不同的资源产业设计不同的资源循环产业网络，从而带动经济系统的循环经济发展，对于完善资源型城市的循环经济发展模式具有重要意义。资源型产业的循环经济发展实际上是将生态系统运行规律落实到产业发展中，人为地为城市产业构建一套能量、物质、资源循环流动的产业体系，从而实现经济增长与能源消耗的脱钩发展。从本质上说，资源型产业的循环经济发展原理与方式基本与资源型产业的生态化发展意义相同。因此，本节选择基于产业生态学的理论，通过资源产业生态化和企业转型清洁生产化的探讨，从宏观和微观角度构建资源型城市经济系统循环经济发展模式。

6.2.1　基于产业生态学的产业体系构建

资源型城市产业体系生态化建设是资源型城市经济系统实现循环经济发展的转型方向。而具体的产业生态化建设过程由产业体系建设，产业构成单元构建和产业共生模式三部分综合构成。

6.2.1.1 产业体系划分

中国传统的国民经济划分方法将中国产业结构分为三种体系，忽视了生态恢复治理业、废旧资源再利用业、废弃物无害化业三类静脉产业的发展，只注重动脉产业的发展，不能适应循环经济产业发展要求。于是国内相关学者也提出了与循环经济相适应的产业重组体系。王如松（2006）把生态学中物质、能量流动的规律融入产业发展之中，把产业按照生态学规律划分为五个层次。叶文虎（2008）在此基础上进一步细化，将产业划分为七大体系，具体体系分类见表6-1。

表6-1 七大产业体系划分情况

产业	内容
零次产业	是以生态修复和建设增强环境生产力为主要内容的产业，如退耕还林（草）、植树造林、土地修复等
一次产业	以光合资源和矿产资源生产为目的的自然资源业，如种植业、养殖业、捕捞业、矿产采掘业、能源开采业等，类似于自然生态系统中的初级生产者
二次产业	以制造物质、能量产品为目的的有形加工业，如制造业、食品加工业、电力、冶炼、能源生产业等，这类产业类似于自然生态系统中的各级消费者
三次产业	以提供社会服务为目的的人类生态服务业，如交通运输、医疗卫生、公共服务和社会管理等
四次产业	以研究、开发、教育与管理为目的的智力服务业，包括企业内的研发部门、高校和研究院所、咨询服务公司、各教育机构等
五次产业	以物资还原、环境保育和生态建设为目的的自然生态服务业，如物质循环企业、环保企业，水土保持、生态修复等生态保育企业
六次产业	是以开发应用提高自然资源利用率与合成和环境友好的新材料的技术为主要内容的产业

资料来源：叶文虎：《三论循环型经济的构建——基于科学发展观视角》，载于《中国发展》2008年第3期。

结合前人划分，本书将资源型城市循环经济系统的产业划分为五个体系：第一产业（循环农业、循环畜牧业等直接将自然资源转化成经济价值的产业）；第二产业（循环矿产资源采选业、循环机械制造等将资源二次加工的循环工业）；第三产业（为居民生活以及一产、二产配套服务的生活和生产服务产业，主要包括现代物流业、金融业、电子商务业等）；第四产业（以新技术研发、文化创意、管理等以智力资源为主导的智力服务业）；零次产业（以废旧资源再利用、生态建设、生态修复等环保产业为主的静脉产业），具体的资源型城市循环经济运行产业体系流程见图 6-2。

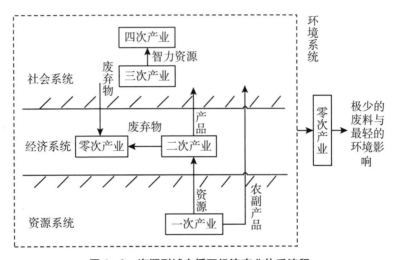

图 6-2　资源型城市循环经济产业体系流程

6.2.1.2　产业共生模式建设

产业共生模式是指两个或两个以上的经济主体共同分享信息、服务和基础设施，并且其中一种产业生产的产品或产生的废弃物可以被另一种产业作为生产资料所利用，从而增加两种产业的价值，同时减少物质投入、资源消耗和环境污染的产业组织形式。目前较为流行的产业共生模式分为互利共生、寄生共生和复合共生模式三种。

（1）互利共生模式。产业互利共生模式是指两个或两个以上组团企业之间通过互利共促、优势互补组成利益共同体。共生的企业在生产经营过程中，通过资源流动和能量阶梯使用的方式减少资源投资、物质消耗和环境污染，使共生企业在物质交换过程中实现价值增值。例如电热产业生产的电力和煤灰废渣可以作为建材产业的生产原料，而建材产业中的水泥产业生产的废水泥渣可以重新回到电热产业，通过水泥余热发电重新产生新的电、热能源，如图6-3所示。

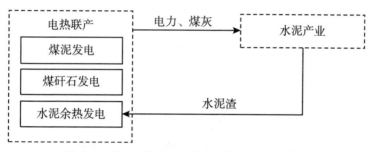

图6-3 "电热联产—水泥产业"互利共生模式

（2）寄生共生模式。在寄生产业模式中，寄生产业与寄主组成一个有机联系的有序系统。寄生产业获取寄主产业的副产品并以此作为自身所需的生产原材料，减少资源与能源浪费的同时，提高企业效益。例如电热联产企业的附近多会配套相应的建材产业和农业设施（见图6-4），电热产业的余热给温室大棚加热，既不会浪费剩余的热能，还能减少农户加热大棚的成本；电热产业产生的粉煤灰的废渣可以作为建材业的原材料生产环保的建材产品，减少电热企业过去作为固废的排放。

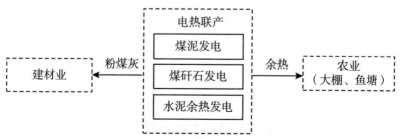

图6-4 "电热联产—建材/农业"寄生共生模式

（3）复合共生模式。作为复杂的经济系统，资源型城市的产业发展实际上是由数个产业承担的大小不同的互利共生产业、寄生产业相互交叉融合组成的人工经济复合生态系统。如图6-5所示，养鱼业在"电热—农业"模式中属于寄生模式中的寄生方，而在农业之间又属于寄生模式中的被寄生方，通过将湖底的淤泥传递给设施农业作为环保肥料，既可以增加企业额外收入，又可以减轻处理肥料的经济负担。

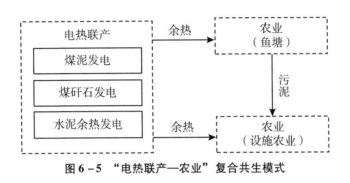

图6-5　"电热联产—农业"复合共生模式

综上，资源型城市在重组产业生态体系时，作为循环经济调控主体的政府在扩展产业链条的同时，要有意识地将不同性质的经营单元或成员企业结合为共生单元。通过系统分析单元间的各类关系，包括经济利益、功能关系、单元结合方式、工作程序时间、资源配置、生产资源与废物之间的关系以及信息交流传递，构建科学合理的产业生态网络结构，推动资源型城市循环经济发展。

6.2.2　基于生命周期评价的企业清洁生产模式构建

清洁生产模式在企业生产过程中所取得的经济、资源、环境和社会效益显著，被越来越广泛地应用于经济生产过程中（张天柱，2006；高迎春，2011；朴文华等，2012），因此，把清洁生产思想应用于企业的转型升级过程中，并以生命周期评价作为测评方法，可以从微观角度构建企业的循环经济模式。

6.2.2.1 清洁生产含义

清洁生产主要涵盖三个层次：清洁的原料和能源投入、清洁的生产过程、清洁的产品和服务（杨建新、王如松，2001）。

（1）清洁的原料和能源投入。减少有毒有害原材料的使用，减少不可再生能源的使用；加速清洁型能源的发展和相关技术的改造，提高能源使用率；加速落实新能源投入生产。

（2）清洁的生产过程。尽量避免生产过程中污染物和废弃物的产生；采用少废、无废的生产工艺和高效生产设备，严格把控生产各个环节的废弃物的排放。

（3）清洁的产品和服务。产品具有较为长期的使用寿命；产品包装需要轻便节约，包装能够回收利用或是易于降解；产品无毒无害，在其使用价值失效后不会对消费者和环境造成危害；健全的回收体系，废弃产品应易于回收、分类和再加工；失去任何价值的产品应易于处理、降解。

6.2.2.2 生命周期评价内涵

生命周期评价（Life Cycle Assessment，LCA）即从产品或服务的生命周期全过程评价其潜在环境影响的方法（鞠美庭，2008）。国际标准化组织（ISO）将生命周期评价定义为汇总和评价产品（或服务）体系在整个生命周期内的所有投入及产出对环境造成的潜在影响的方法，该方法对产品或者服务整个生命周期均进行评价，包括原材料的获取和深加工、运输、销售、利用、再利用和维护，以及废弃物的再利用、再循环和处理。LCA 作为一种方法，需集合企业的生产和管理活动才可以发挥其作用。

综上所述，生命周期评价对于产品和服务对环境的影响研究应该具体包括以下四点：（1）原材料开采过程中对于土地、水体和空气等环境造成的污染，以及开采过程中所消耗的能源；（2）产品生产过程中对环境造成的污染以及能源消耗和资源投入；（3）产品在运输和使用过程中带来的环境影响；（4）产品作为废弃物处理过程所产生的环境影响。

6.2.2.3 企业生产模型构建

资源型企业清洁生产工作程序包括以下四个阶段：准备、审计、制定和实施方案。清洁生产的核心阶段为审计，通过该过程了解资源企业的生产现状，从而确定其审计对象，以及研究对象的原材料来源及其能源消耗，废弃物产生和排放根源，为之后各个阶段提供基础。采用 LCA 方法评估资源型企业发展和清洁生产的一般模式见图 6－6（曹利江等，2010）。

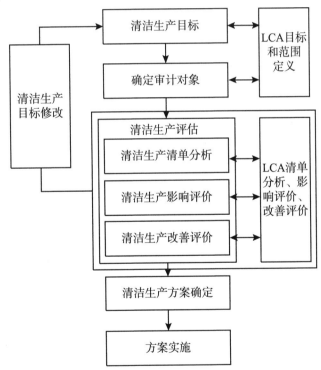

图 6－6 基于 LCA 的清洁生产模式

资料来源：曹利江、金声琅：《基于生命周期评价的清洁生产模式研究》，载于《环境保护与循环经济》2010 年第 8 期。

6.3 不同类型资源型城市循环经济发展模式

资源型城市的循环经济发展模式通过"三个模块"和"四个系统"协同构成。但是由于资源产业的不同，资源型城市的经济系统循环经济发展模式存在差异。本书6.2节已经对资源产业和资源企业的循环经济构建方法进行了论述，在本节，就资源产业的不同种类，以资源型城市循环经济发展一般模式为依托，以产业生态学为原理，基于企业全生命周期评价的清洁生产方法，根据不同资源类型的产业发展特点，为设计不同类型的资源型城市循环经济模式进行探讨。

6.3.1 煤炭型城市

煤炭型城市在中国地级行政区划的资源型城市中占比接近50%，数量庞大，产业同质化问题严重。因此，煤炭型城市的循环经济转型任务艰巨，经济系统发展模式设计也更加复杂。煤炭产业作为煤炭型城市的支柱产业，它们的循环经济转型事关煤炭型城市经济系统的循环经济转型。本书以资源型城市循环经济产业体系的划分为依托，为煤炭型城市的经济系统进行重新设计，从而构建一套完整的煤炭型城市循环经济发展模式（见图6-7）。

6.3.1.1 产业体系构建

（1）精深煤化工产业。对于传统煤炭行业的产业链条进行横向延伸和纵向扩展，搭建煤炭行业产业网，丰富煤炭周边型企业类型，提高煤炭行业竞争力。通过"煤化工产业""电热联产业"增加煤炭产业附加值。

（2）培育零次产业。煤炭型城市零次产业的培育对于城市发展意义重大，既能改善城市环境又能增加社会就业机会，同时可以加大

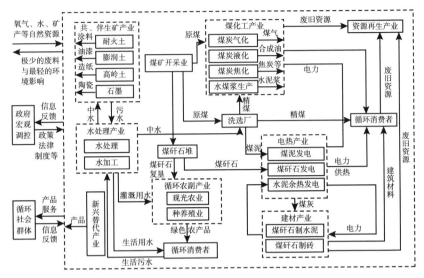

图6-7 煤炭型城市循环经济发展模式

资料来源：http：//www. sxcc. com. cn/html。

与其他产业之间的联动关系，提高资源使用效率和产业效益，减弱城市社会经济活动对于环境的影响。零次产业的培育主要包括环保产业和资源再生产业两方面：

①环保产业。煤炭型城市经过长期发展，城市生态环境需要进行持续性、专业性的恢复治理，煤炭型企业可以通过购买环境治理服务的方式，由专门环境保护企业修复因煤炭企业生产而遭到破坏的生态环境，这种方式既能够刺激零次产业发展的积极性，也同时减少了企业的经济成本。

②资源再生产业。共、伴生矿的开采和加工以及煤矸石废弃堆资源化过程，是煤炭型城市资源再生的主要生产对象。其中煤矸石的利用体现在以下两个方面：一是煤矸石的直接利用，例如通过煤矸石发电发展电热联产业，通过煤矸石制水泥、制砖发展建材产业；二是通过煤矸石堆的矿石治理与土地复垦，将闲置出来的土地重新用于农业生产，同时，依托治理后的废旧矿山推动黑色旅游产业发展，将过去的矿山垃圾重新资源化，变废为宝，

延伸出第一产业或是第三产业。

（3）鼓励四次产业发展。第四产业的发展是煤炭型城市经济系统循环经济转型的根本推动力。清洁生产技术、煤矸石利用技术、共伴生矿的开发使用技术、生态环境修复技术等生产工艺和技术的升级推动着煤炭型城市经济系统的循环经济转型。政府和企业只有通过各项政策鼓励相应研究机构的加速发展，将实验室技术落实到实践生产过程中，通过第四产业的逐步完善来加快煤炭型城市的产业升级和系统转型。

6.3.1.2　产业模式构建

（1）寄生模式。

①生态修复产业→循环农业/生态旅游业。煤矸石堆放是造成煤炭型城市生态破坏的主要原因之一。利用生态修复技术治理污染矿山和环境，对煤矸石占用的土地进行复垦，在此基础上发展黑色旅游或是观光农业/设施农业等，将生态修复产业与第一产业和第三产业相结合，增加煤炭型城市经济效益。

②煤矸石堆治理产业→建筑业。随着四次产业对于煤矸石治理技术的研发，煤矸石制水泥、制砖技术逐渐成熟，依靠煤矸石原料所发展的建筑产业效益逐年提高，这种产业共生模式既能解决煤矸石的污染和占用耕地问题，又能减少建筑原料的使用，取得了良好的经济和环境效益。

（2）互利共生模式。

①电热产业⟷煤化工产业。"电热—煤化工"产业联产是煤炭型城市经济系统产业互利共生发展的典型模式。煤化工产业通过热电厂生产的电力进行生产，将产生的废煤泥通过资源再生产业处理，作为生产原料传递给电热产业，电热产业利用煤泥发电技术对煤泥进行二次使用，以此形成电热产业与煤化工产业的互利共生模式。

②电热产业⟷建材产业。"电热—建材"产业联产是煤炭型城市经济系统产业互利共生发展的新型模式。建材产业通过煤矸

石制水泥生产出建筑材料，而发电厂可以利用水泥低温余热技术对水泥生产过程中的能源进行收集用于发电，减少电热产业过程中煤炭资源的使用，既能增加电热产业的效益也能降低建材产业的成本。

煤炭型城市经济系统的循环经济转型设计的重点在于煤炭产业链条的延伸以及零次产业尤其是环保产业的发展，通过这种方式加强各种涉煤产业在资源节约的基础上进一步实现经济利润最大化。同时，鼓励扶持四次产业的发展，尤其是与煤炭产业相关的科技研发企业，加强共伴生矿的开发，最后加大新型产业的扶持力度，建立煤炭型城市从零次到四次的立体产业结构。通过丰富的产业结构增加煤炭型城市的经济稳定度，提高经济抗风险能力，加速煤炭型城市的循环经济转型。

6.3.2 油气型城市

石油与天然气分别是中国当前第二、第三大的能源消耗来源，也是中国重要的储备能源，在中国经济发展与国防安全中起到举足轻重的作用。中国油气型城市中，除南阳市进入再生阶段外，其余 10 座均处于成长或成熟期，这两个时期的城市经济基础良好，生态环境破坏较小，是循环经济转型的最佳时机。

油气型城市经济系统转型仍然需要以企业为基础。但是目前的油气型城市大多处于经济发展最为快速的时期，生产技术成熟、市场需求巨大、企业利润丰厚等因素极易造成油气产业对于循环经济转型的排斥。目前所有油气型城市的油气产业纷纷转向产品附加值高的石油加工、炼焦和核燃料加工以及石油化工产业，造成油气型城市经济发展对于油气依赖极强，替代产业难以发展。因此如何在扶持新兴产业的同时不断增加油气企业的帕累托改进是油气型城市实现循环经济的关键。基于此，本书在对油气资源循环产业网络进行讨论的基础上设计了油气型城市的循环经济发展模式（见图 6 - 8）。

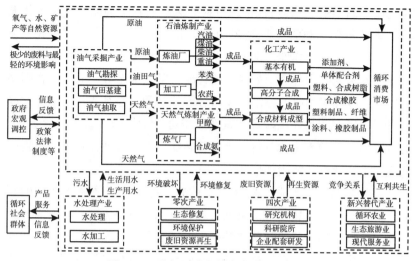

图6-8 油气型城市循环经济发展模式

资料来源：http://www.cnpc.com.cn/cnpc/syc/sycp_index.shtml。

6.3.2.1 产业体系构建

（1）培育四次产业发展。石油化工产业由于产业链条较长，子行业众多，四次产业的发展有利于资源型企业减少生产成本，提高收益。油气型城市四次产业的发展对于促进经济系统转型主要体现在以下两方面：

一是对于传统的油气产业，要坚持走精深发展路线。扶持油气产品研发部门发展，加快技术创新，通过新产品的开发丰富化工产业品种，加快生产企业供给侧改革速度，增加油气化工产品市场占有份额；二是促进清洁生产在各个企业的落实，清洁生产技术的不断提高对于持续缓解经济发展和资源环境之间的约束矛盾具有重要意义。

因此，油气型城市应该加强企业研发部门和专业研究机构、科研院所的技术交流活动，提高清洁生产新技术在油气资源开发利用全过程的应用。

（2）鼓励零次产业发展。油气型城市的零次产业主要包括生态修复、环境保护和废旧资源再生三方面，其中尤其以废旧资源再生产业最为重要。研究表明，若生产1吨的原油，则需要将材料的损失率控制在1%以内，这样就保证原材料的95%转换为商品（北京现代循环经济研究院，2007）。原材料的加工方法多样性，也同时形成了废弃物利用方式的多样性，例如根据废水的来源及其不同特征，可通过多样的方法回收多种资源如油、硫、酚、碱、稀土等；而废弃物则多采用燃烧或加氢回收的方法，废渣分为酸性和碱性废渣，其中酸性废渣可用于环烷酸和环烷盐等，碱性废渣可用于烧碱和替代硫化钠等。通过废旧资源的再生化，将垃圾重新转变为资源重新投入生产，提高油气化工产业的经济附加值。

（3）扶持新兴产业。新兴产业是油气型城市经济系统转型的新的经济增长极，是城市经济发展去自然资源的重要表现。政府需要合理规划引导，通过优惠政策扶持一批循环农业、生态旅游业和现代服务业等无污染、低消耗、高回报的朝阳产业，以构筑油气型城市产业多元化的发展格局。

6.3.2.2 产业模式构建

油气型城市经济系统的产业模式主要为寄生共生模式。

（1）生态环境治理产业→油气采掘产业/石油炼制产业/化工产业等。生态环境治理产业主要通过对油气采掘产业、石油炼制产业、化工产业等产业生产过程中的污染物排放情况进行监督，并为其提供污染减排和环境治理技术指导从而减少企业生产活动对于城市环境系统的影响，改善城市生态环境。

（2）四次产业→油气采掘产业/石油炼制产业/化工产业等。完整的油气产业可以概括为上游资源领域的石油、天然气等，中游的大宗产品领域的氮肥、甲醇、磷肥、纯碱等，下游精细化发展产品领域的农药、染料、日化、工程塑料、钾锂和有机硅等，整体产业链较长，子行业众多。但是目前各个城市都在开展化工产业，造成油化产业的产品同质化严重，多种化工产品已经开始出现市场饱和的现象。四次产业作为以科技创新为主体的产业，对于油气产品的新品种研发、新生产工艺研发都具有积极推动作用，通过降低生产成本、扩大市场份额、制造循环产品，提高油气型产业的市场竞争力。

本书对于油气型城市的循环经济发展模式的设计正是在油气产业设计中加入了更多的企业内部循环与产业间的联系，同时突出四次产业以及零次产业对于经济系统提高资源使用效率、减少物质投入、增加企业附加值的作用，打造油气型城市经济多极化发展结构。最终，通过经济系统与其他模块和系统的耦合形成油气型城市循环经济发展模式。

6.3.3 钢铁型城市

前文分析表明钢铁型城市可持续发展难度巨大，其中，主要的制约因素为产能过剩和环境污染。因此，对于钢铁型城市循环经济发展模式的设计主要通过调整经济系统的结构，来实现钢铁型城市的顺利转型，具体的钢铁型城市循环经济发展模式见图6-9。

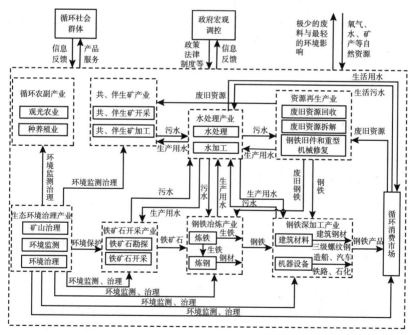

图6-9 钢铁型城市循环经济发展模式

资料来源：http://www.ansteel.cn/yewubankuai/gangtiechanye/2016 - 11 - 14/1.html。

6.3.3.1 产业体系构建

（1）扶持零次产业发展。钢铁型城市污染严重，对于零次产业的发展既能改善生态环境问题，又能减少资源浪费，具有良好的经济效益和生态效益。钢铁型城市零次产业的发展主要包括生态环境治理产业与再生资源回收加工产业。

①生态环境治理产业。钢铁制造属于大量投入、大量消耗、大量污染的生产方式，环境污染严重。另外铁矿石开采也造成坍塌、水污染、土壤污染等各种生态问题，因此钢铁型城市需要矿山修复、环境监测和环境治理等企业对城市环境进行改善，同时为钢铁企业的生产提供更为专业的节能减排、清洁生产等技术支持。

②再生资源回收加工产业。钢铁的特殊性状使得钢铁属于耐用品，即使是报废掉的钢铁产品经过二次加工也可以作为生产原料投入新的生产。这种情况催生了专业化、集约化的资源再生产业的发展，主要包括废旧资源回收企业、废旧资源拆解企业、钢铁资源和重型机械修复企业等。

（2）构建矿产产业网络。

①开发共、伴生矿产业链条。在上游铁矿石开采过程中，提高对于共、伴生矿的研发力度，通过共生、伴生矿的开采及使用开发出一条新的资源产业链条，提高矿产经济价值的同时创造更多就业岗位，构建钢铁型城市资源使用网状结构。

②延长传统钢铁产业链条。对于处在产业中游的钢铁加工业而言，通过企业合并、重组、破产等方式，去除一批资源投入多、能源消耗高、经济产出少的企业，减少落后产能，把更多资源让利于发展前景更好的钢铁冶炼企业；扩展钢铁精深加工制造业，发展钢铁下游的制造产业，引入建筑、家电、汽车、发电设备、铁路设备等高端钢材产品制造企业。将钢铁产业链条做宽做长，提高钢铁产业的经济附加值。

（3）鼓励新型产业发展。钢铁型城市新兴产业的发展既包括与钢铁生产配套的物流业、金融业、会展业、电子商务业，也包括与钢铁产业关联性较弱的互联网信息、生物工程等各种高科技产业，通过新型产业的发展增加钢铁型城市的经济活跃度。

6.3.3.2 产业模式构建

（1）寄生共生模式。

①生态环境治理产业→铁矿石开采产业/钢铁冶炼产业/共伴生矿开采加工等。生态环境治理产业主要通过对铁矿石开采产业、钢铁冶炼产业、共伴生矿开采加工等产业的污染物排放进行监督，并为其提供污染减排技术指导来减少生产活动对于城市环境系统的影响，改善城市生态环境。

②生态环境治理产业→循环农业/矿山旅游业等。由于长期的资源开采造成钢铁型城市空气污染、土地塌陷等生态问题严重，通过零次产业的发展，对于破坏矿山进行恢复治理，将治理后的土地发展经济效益高的设施农业，通过一产三产融合的方式增加城市其他子系统效益。

（2）复合共生模式。

钢铁冶炼产业→钢铁深加工产业→消费市场→零次产业→钢铁冶炼产业。

在钢铁型城市的经济系统中，由于钢铁具有较高的再利用性，因此资源再生产业与钢铁形成了相互依存的关系。废旧资源回收企业、拆解企业等资源再生企业通过对废旧钢铁进行回收，并分类销售给钢铁冶炼或加工企业，钢铁生产企业通过回购废旧钢铁减少资源投入成本，在企业实现经济获益的同时与其他系统形成耦合发展。

在对钢铁型城市经济系统进行循环经济转型设计中，首先需要发展零次产业，降低钢铁产业的"三废"排放，减少物质投入和提高资源使用效率。其次培育钢铁精深加工产业，通过开发共伴生矿产业链条、延伸钢铁产业链条，提高资源产出效益。最后扶持新型产业的发展，加快钢铁型城市的经济发展转型速度。最终，通过"三个模块"和"四个系统"的协调发展实现钢铁型城市的循环经济转型。

6.3.4 金属型城市

中国有色金属产量连续多年领先于其他国家，但是巨大的生产能力并未给金属型城市带来丰厚的利润。针对金属型城市经济系统的循环经济转型，本书制定了相应的经济发展模式（见图6-10）。

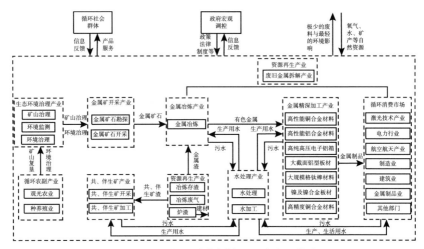

图6-10 金属型城市循环经济发展模式

资料来源：http：//www.tnmg.com.cn/productinfo/cpsj_hg.aspx？classid=707。

6.3.4.1 产业体系构建

（1）扶持四次产业发展。不论是新材料的研发、清洁生产或是新材料生产都需要有相应的专业人才和技术支持。经济效益最大化是企业发展最重要的目标，若金属回收与再使用成本超过新资源的使用成本，那么废旧资源将失去市场，废旧资源再生产业也难以生存。因此金属型城市四次产业需要把发展方向更多地关注于如何降低再生资源回收、分解、再利用成本。

（2）扩展金属精深加工产业链条。有色金属材料与高新技术的发展联系紧密，新材料既是激光技术、海洋开发、航空航天这些高新产业技术群的组成，又是他们发展的前提和基础。金属型城市的产业发展要把握住作为高新技术产业链条的重要节点机会，研发出与之相适应的各种金属制品。此外，通过资源优势引入机械制造等下游产业，既能带动城市经济发展，也能通过经济转型加快摆脱资源型城市对于资源的束缚，提高城市科技与经济地位。

（3）培育零次产业发展。加大环境保护整治力度，扶持环境保护和废旧资源再生产业发展。专业的环境保护企业可以针对不同环境问题制定专业的解决方案，对于提高环境保护治理效率具有积极意义。此外，金属尤其是贵金属的材料，作为可回收利用资源，再利用价值巨大。金属型城市有必要建立废旧金属的回收再利用机制，招商引资用于相关技术、设备、生产线的投资建设，这对于促进废旧金属回收、提高资源使用效率、节约金属甚至其他资源具有重要意义。

6.3.4.2 产业模式构建

（1）寄生模式。

①生态环境治理产业→循环农业。通过发展矿山修复、生态治理等环保产业，对过去矿山开采占用的土地重新进行环境治理、生态修复，将治理完成的土地重新投入农业生产或进行设施农业、观光农业的发展，将一产和三产结合起来，增加产业经济收益。

②资源再生产业→金属冶炼加工业/共伴生矿产业/建筑产业。通过对资源再生产业的发展，在金属冶炼或共伴生矿冶炼加工过程中，可以通过回收冶炼存渣重新投入冶炼生产，通过回收炉渣作为建筑材料进行二次利用，既提高了资源使用效率，又降低了生产成本，同时也能扩大城市产业规模，增加经济系统效益。

（2）复合共生模式。

金属冶炼产业→金属精深加工产业→消费市场→零次产业→金属冶炼产业。

零次产业中的资源再生产业的发展使得过去传统的线性生产与消费模式实现闭合。通过资源再生产业的发展可以对生产与消费过程中的废旧金属资源进行回收、分类、处理，使得金属资源得到二次回收利用；通过零次产业中的环境治理产业，可以对生产与消费各个环节的资源投入和污染排放情况进行检测和治理。通过产业共生方式促使金属型城市实现经济和社会系统的节能减排与资源集约利用，提高产业链条附加值，加大城市经济竞争力。

对于金属型城市经济系统的转型，需要着重培育四次产业、大力发展金属精深加工业，在此基础上扶持零次产业的发展，形成立体的产业结构，才能保证金属型城市经济系统的平稳转型。在实现产业调整、企业重组、生产方式改进之后，最终在政府对社会系统的引导下，通过循环经济的发展促进金属型城市全社会劳动生产效率的提高，加快经济发展与资源消耗脱钩发展，加速金属型城市进入以知识和技术为经济增长要素的信息化发展阶段。

6.3.5 非金属型城市

中国的非金属矿床以小型矿居多，产量有限，因此造成了中国以非金属开采加工为主导产业的资源型城市并不多。中国对于非金属加工利用技术发展迅速，但在高科技非金属制品技术和产业发展水平上与发达国家仍有较大差距，投入产出比增长缓慢造成非金属城市可持续发展也较为困难。基于此，本书为非金属型城市进行了循环经济发展模式设计（见图6-11）。

6.3.5.1 产业体系构建

（1）完善第四产业发展机制，提高企业生产技术。第四产业的发展是技术社会和信息社会成熟的标志。非金属型产业生产技术的提高主要包括生产效率的提高、资源使用效率的提高、节能减排技术的提高以及最为重要的新型产品技术研发。前三者技术的提高可以从生产源头减少资源投入，生产过程中减少能源消耗、生产末端减少污染排放，在最小的资源投入和环境影响下取得最大的经济效益和社会效益；后者的提高又能增加企业的竞争力，扩大产品种类和规模，引导消费市场。

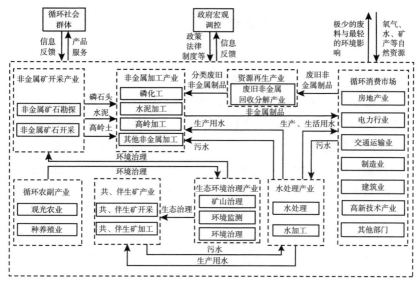

图6-11 非金属型城市循环经济发展模式

资料来源：胡伟敏：《非金属产业循环经济发展模式及对策研究》，昆明理工大学硕士学位论文，2010年。

（2）培育替代产业。在非金属产业上游，加大共、伴生矿利用水平，丰富城市矿产利用产业链条。在非金属产业的末端，产业链条的延伸是稳固非金属型城市经济发展的重要手段。非金属产业产品种多种多样，涉及国民经济建设的诸多方面，因此非金属型城市可以借助资源优势，扩大非金属产业生产类型，吸引交通运输业、精密仪器制造业、航空航天产业等不同的下游产业投资生产，培育替代产业，丰富制造业结构，增加城市的经济活跃度。

（3）扶持零次产业发展。零次产业主要包括环境保护和生态修复产业以及资源再生产业。前者的开发可以修复治理长期开采的矿山，同时对各类企业生产情况进行环保评估并给予环境修复技术支撑，既能弥补过去的生态欠账，又能及时调控当下生产活动，防止环境污染再次发生；后者的开发可以防止废旧非金属制品的浪费，对其进行循环使用。

6.3.5.2 产业模式构建

（1）寄生共生模式。

生态环境治理产业→循环农业。

生态环境治理产业主要包括矿山修复、环境治理和环境监测三大业态，治理的对象主要为非金属矿山开采、企业生产以及社会系统活动造成的环境污染监测和治理三方面。由于长期的资源开采造成生态问题严重，通过零次产业的发展，对于破坏矿山和地区进行恢复治理，将治理后的土地发展经济效益高的现代观光农业，通过一产与三产融合的方式增加城市经济效益和环境效益。

（2）复合共生模式。

非金属加工产业→非金属制造产业→消费市场→资源再生产业→非金属加工产业。

通过非金属的加工、制造，到非金属产品的回收利用，最终重新进入非金属加工产业的生产，将非金属资源重新整合利用，增加非金属资源价值。

本节对于非金属型城市经济系统循环经济设计目标是在提升非金属矿产开采与加工效率的基础上延伸非金属下游产业。通过扶持四次产业的发展提高非金属产业的现代化水平，同时完善配套的物流、金融、管理等现代化服务业，通过打造高精尖的非金属产品争取更大的国际市场份额。同时，依托循环经济转型，逐渐调整非金属型城市产业结构，通过丰富产业类型增加城市经济稳定性、改善修复城市生态环境、增加社会就业机会，在政府、企业与社会群众的共同努力下实现非金属型城市的可持续发展目标。

6.3.6 森工型城市

林木资源在整个国民经济产业体系中属于生产回报率相对较低、生产技术相对落后的产业，长期的林木销售与初级加工等低经济附加值的生产方式直接造成森工型城市经济发展落后，人民群众收入水平较低。同时，由于国家对于森林资源的保护力度不断加大，过去森工型城市的伐木工人大量失业，生活更加困难。经济落后与社会负担沉重相叠加，造成森工型城市的可持续发展困难不断加大。基于森工型城市的发展现状，本书在对其经济系统循环经济转型设计的基础上构建其循环经济发展模式（见图6-12）。

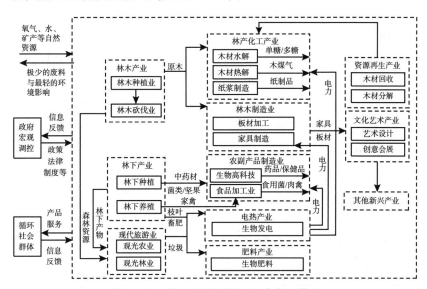

图6-12　森工型城市循环经济发展模式

资料来源：http://www.cnfpi.com。

传统的森工产业主要包括林木砍伐、板材制造和家具制造业三大类。随着森林资源开采管理制度的逐渐健全，单纯地依靠伐木与木材初级加工这种简单的资源换取经济的时代已经结束。森工型城市在资源使用量逐渐萎缩的情况下，只有通过产业结构调整来增加城市经济效益。

6.3.6.1　产业体系构建

（1）精深化工业体系——搭建森工产业网状结构。森工产业的发展主要以横向扩展为主，在此基础上进行纵向延伸。由于林木资源砍伐受阻，森工城市可以围绕林木资源发展循环农业和生态旅游业。通过林下种植、养殖等方式在使用林木资源的同时有效保护林木资源，通过横向扩展林木资源获得经济价值，同时依托森林资源优势发展生物制药、食品加工等经济效益附加值高的二次产业。

对于传统森工企业，需要对其产业链进行延伸，例如对于传统家具制造产业，可以向下游引入家具设计、艺术设计等新兴文化产业。除此之外，对于森工产业链条的延伸应该合理发展林产化工产业，鼓励资源消耗少、环境影响小、产品附加值高、收益见效快、市场需求大的高利润企业投资建设，稳定森工型城市的经济结构。

（2）整合资源优势，促进城市产业融合。在森工产业上游，增加次生林和经果林种植、林下种养殖等既有经济价值又能保护林木资源的产业。同时，完善废旧资源回收体系，将废弃的木材统一回收用于林产化工，增加林木资源使用效率，减少原生资源浪费，通过生态修复与资源再生产业逐渐完善森工城市的零次产业。借助良好的环境质量，以家具设计为依托，通过文化创意产业培育第四产业的成长。

（3）加大资源再生产业扶持力度，促进资源循环流动。利用资源优势，整合城市系统的物质、能量、信息等要素流在 ERES 系统之间流动，实现在资源节约的基础上经济可持续发展的目标。例如，通过林木种植业与林下养殖业产生的废弃树枝、牲畜粪便等垃圾发展生物发电和生物肥料产业。据分析，运营 1 台 2.5×10^4 千瓦的生物质发电机组，与同类型火电机组相比，可减少二氧化碳排放约 1×10^4 吨/年。通过产业链条的延伸，将原先作为废弃物丢弃的垃圾重新变成新的生产资料投入生产，生产的电热能与有机肥料也可以再次投入到林下种、养殖的经济活动中。

6.3.6.2 产业模式构建

（1）互利共生模式。

林木制造产业←→文化创意产业。

文化创意产业属于林木制造产业中的下游产业，属于四次产业的发展业态之一。创意是企业供给侧转型的灵魂，只有先人一步的创意才能更有利地占据市场份额，从而扩大企业规模。而通过林木制造产业的发展，也可以带动会展、物流、金融、旅游等现代服务业，增加森工型城市产业多元化结构。

（2）寄生共生模式。

电热产业→林木制造产业/林产化工产业/农副产品精深加工业/肥料产业。

不论是林木制造业、林化产业或是农副产品制造业等产业的发展均需要充足的电力资源保障。通过生物质发电的电热产业属于新能源产业之一，既能供给产业需求，又能解决城市垃圾污染问题、减少能源消耗和碳排放，是城市循环经济发展的重要产业链条之一。

（3）复合共生模式。

①林木制造产业/林产化工产业→消费市场→资源再生产业→制造产业/林产化工产业。林木制造和林产化工业随着资源再生产业的发展逐渐走向资源循环使用的生产模式，通过建立完善资源回收机制，对于废旧纸张、废旧板材进行回收加工处理，再重新投入下次生产，起到资源节约与产业效益扩大的双赢效果。

②林下产业/现代农业→生态旅游业→电热产业/肥料产业→林下产业。借助优越的生态环境和丰富的林下产业，森工型城市可以大力发展生态旅游业。此外，林下产业、现代农业以及旅游业发展过程中会产生大量的枯枝落叶、粪便、生活垃圾等废料，若通过生物发电和生物肥料产业的发展，这些垃圾会重新成为生产资料，减少垃圾污染，起到垃圾回收利用的效果，ERES 系统受益明显，对于森工型城市的循环经济发展意义重大。

森工型城市经济系统循环经济发展模式的设计是基于延长森工产业链条、扩展森工产业宽度，同时借助森林资源优势，发展与其相关的循环农业、生态旅游业等第一和第三产业，通过搭建森工型城市立体产业网络增加社会就业机会，提高城市居民的生活水平，最终实现ERES 系统的循环发展。

6.4 本章小结

资源型城市循环经济发展是城市社会经济活动重组的过程，本质是希望达到经济、资源、环境和社会的四效共赢发展。本章的研究正是基于不同的资源产业为不同类型的资源型城市设计与之相适应地循环经济发展模式，以期加快资源型城市的循环经济转型。

首先，根据资源型城市的驱动机制、运行机制、反馈机制以及调控机制的发展机理，设计由"三个模块"和"四个系统"共同组成的资源型城市循环经济发展的一般模式，发现资源型城市的循环产业网络模块和经济系统具有特殊性；其次，本书以资源型城市循环经济发展一般模式为基础，结合产业生态学原理和企业清洁生产模式，根据资源产业的发展特点，设计出与各类资源型城市相适应的资源循环产业网络，通过经济系统与其他系统的耦合，资源循环产业网络与其他模块的耦合，最终形成六套"三个模块""四个系统""一套资源循环产业网络"相融合的资源型城市循环经济发展模式。

第 7 章

基于 ERES 框架的资源型城市
循环经济评价指标体系设计

资源型城市的循环经济转型是一项复杂的系统工程，各个环节的循环经济转型都会对城市循环经济的整体转型造成影响。因此我们有必要为资源型城市的循环经济发展制定一套科学、客观、系统的评价体系，用以实时把握资源型城市循环经济发展状况，以便后期对于循环经济发展路径进行有效调控。基于此，本章在资源型城市 ERES 发展框架下，以城市的实际发展状况为基础，结合循环经济发展原则，以及不同类型资源产业的发展特点，为六类资源型城市设计出更具实用性的循环经济评价指标体系。

7.1　指标体系构建内涵

7.1.1　构建意义

资源型城市循环经济评价指标体系是地方政府用来衡量城市 ERES 转型过程中循环经济发展取得的成果，以及未来发展过程中可能存在问题的一种重要评价调控手段。科学的指标体系可以帮助政府及时调整产业规划格局、优化经济发展路径、了解社会发展水平，及时调整与改进循环经济发展对策，加快促进资源型城市转型成功。因此，对于资源型城市循环经济的评价指标体系的设计意义重大，具体表现如下：

7.1.1.1 及时掌握资源型城市循环经济发展现状

资源型城市的循环经济评价体系能够客观地衡量城市循环经济的运行阶段、质量、程度以及存在的问题等，是推动资源型城市循环经济良性发展的有效手段。

7.1.1.2 为资源型城市循环经济转型提供发展策略

资源型城市指标体系建设的目的是量化地区循环经济发展程度，分析其中存在的矛盾与问题，发现阻碍其发展的不利因素，从而方便地方政府追根溯源有针对性地解决问题，及时调整循环经济发展对策。

7.1.1.3 保障资源型城市对于循环经济相关政策实施的时效性与准确性

资源型城市政府可以通过定期对资源型城市循环经济发展进行评价，及时掌握城市循环经济发展现状，根据评价结果调整政策，保证各项政策的时效性。

7.1.1.4 完善循环经济发展理论

循环经济在中国发展的近 20 年中，在清洁生产技术、产业生态学理论、生态工业园区建设等方面取得了巨大的成就，但是循环经济理论与实践研究体系的建设仍然任务艰巨，对于区域性循环经济发展水平的评价研究更是有所欠缺（俞金香，2014）。资源型城市循环经济发展评价研究是研究资源型城市循环经济发展的基础。

7.1.2 构建思路

评价指标体系是由多个相互联系、相互作用的评价指标，按照一定层次结构组成的有机整体（李金海等，2004）。在对资源型城市循环经济评价指标体系进行设计的过程中，具体研究步骤如下：

（1）确定指标体系构建的目标与原则。研究目标是指标体系设计的第一步，原则是指标体系设计需要遵循的标准。通过精准的目标和客观的原则所设计出的指标体系，才能准确地反映资源型城市循环经济发展水平。

（2）确定资源型城市循环经济发展影响因素。识别对资源型城市循环经济发展起主要决定因素的相关指标，作为本次评价指标体系的参考。在此基础上，通过聚焦法与相关领域的专家进行商讨，最终明确资源型城市的循环经济发展的主要影响因素。

（3）确定指标体系的层次结构。按照因素间的相互关联影响以及隶属关系按不同层次进行组合，确定评价指标体系的总体层次结构。

（4）评价指标的确定。评价指标的选取也是评价体系设计的最关键一步，直接关系评价的准确性。本书针对资源型城市的实际发展状况，运用理论分析与专家分析相结合的方法，以影响评价目标的因素为导向，在结合数据可获得性的基础上，最终对不同类型的资源型城市循环经济发展评价指标进行确定，建立资源型城市循环经济发展评价指标体系。

在本书第 2 章已经提出，2017 年 1 月 1 日中国四部委联合设计的《循环经济发展评价指标体系（2017 年版）》在全国范围内试用，这也成为本书指标体系设计的重要参考。但值得注意的是，上述指标体系只考虑到资源系统的资源集约使用这一特性，并未考虑到城市在循环经济转型过程中，经济、环境和社会三个子系统的变化。此外，本书研究的对象是资源型城市，资源型城市的经济发展具有资源经济特殊性，在资源系统循环经济指标设计时，更应该突出城市长期依赖的资源对城市发展的影响，因而才能判断城市去自然资源化的成效如何。因此在本次资源型城市循环经济指标体系的设计中，本书只选取上述指标体系中的部分指标作为参考。

7.1.3 构建原则

7.1.3.1 "3R"原则

"3R"原则是循环经济发展的核心内涵，资源型城市在对循环经济评价指标进行选择时有必要突出此项原则在整个指标体系中的重要地位。

7.1.3.2 可得性原则

资源型城市循环经济评价指标体系要能为相关学者或当地政府所用，因此数据的可获得性成为指标设计的又一重要原则。指标的选取最好能够通过现有统计渠道直接获得，抑或是通过现有数据计算得出。此外，顺畅的数据可获得性也能够保证指标体系和评价结果的运用与推广。

7.1.3.3 动态性原则

资源型城市的发展始终处于动态变化的过程中，对其循环经济的评价同样不能一成不变。在指标的设计过程中需要多方面综合考虑，既要有反映发展现状的横向指标，也要有反映发展速度的纵向的指标，通过横向指标与纵向指标的结合，实现评价结果既能反映目前资源型城市的循环经济发展现状，又能反映未来发展潜力的目标。

7.1.3.4 解释力原则

每一项指标要具有明确的含义，需要与循环经济的发展意图保持高度一致性，保证评价的结果具有实际意义，起到评价现状与指导未来的作用。

7.1.3.5 系统性指标和部门性指标相结合原则

资源型城市的循环经济转型涉及多主体、多部门，指标的选择既要有反映整体发展水平的指标，也要有反映不同主体循环经济发展情况的指标，以便科学评估不同变量对于城市循环经济发展的影响。这也是本书针对不同类型的资源型城市设计特性指标的原因。

7.2 指标体系构建

7.2.1 指标体系构建基础

资源型城市是由经济、资源、环境和社会四个子系统共同构成的 ERES 系统，只有实现了各个子系统的循环经济发展才能保证资源型城市的循环经济顺利运行。因此本章指标体系的设计也是基于上文提到的 ERES 系统对不同系统内的指标进行筛选分析。

7.2.1.1 经济子系统

资源的开采加工业是资源型城市的主导产业，以资源的开采、加工、运输、销售为主体的企业经济活动是资源型城市经济系统发展的主要动力。基于此，在考量经济系统的循环经济发展时，评价指标在选择传统的 GDP 变化、三产占比等指标以外，应该有意识地考虑资源型产业在城市经济中的占比问题，以突出资源产业对于资源型城市经济系统的重要性。

7.2.1.2 资源子系统

资源是资源型城市形成和发展的基础。因此，在对资源型城市循环经济指标体系设计中，需要严格遵循资源利用"3R"原则，资源系统指标的设计需要对系统的发展现状和未来发展趋势进行评价，从而在促进资源减量化的同时实现资源高效集约利用目标。

7.2.1.3 环境子系统

资源型城市生态环境问题成为城市转型过程中遇到的主要制约因素。不断恶化的城市环境对当地居民的生命财产安全造成了严重威胁，同时也不利于招商引资，成为制约高新企业投资的主要因素之一。本书同样将环境系统作为独立系统，通过设计相关指标对其当前循环经济发展水平和治理情况进行评估，以达到改善环境系统环境质量，维持生态和谐的目标。

7.2.1.4 社会子系统

社会子系统的循环经济发展水平最终体现在人类福利的提高，具体是由社会发展进步和人民生活质量改善两个目标构成。因此，在资源型城市社会系统指标的选择上，本书围绕上述两个目标，计划选取城镇居民人均可支配收入，社会保险覆盖率、城镇登记失业率等数据获得性相对较强的指标。

7.2.2 指标层次构建

基于 ERES 框架下的指标子系统选取方式，本书将资源型城市循环经济指标体系分为四个层次：

7.2.2.1 目标层

第一层为目标层，代表指标体系设计的最终目标。本书对于资源型城市指标体系进行设计，目的是通过对不同类型资源型城市的各个系统循环经济发展情况进行识别，从而实现城市综合系统的循环经济发展。因此本书的目标层就是资源型城市循环经济发展层。

7.2.2.2 控制层

第二层为控制层，是根据目标层的最高导向，从不同方向出发，保证资源型城市复杂巨系统内的所有环节的循环经济均能顺利实施。本书的控制层正是基于 ERES 系统所涉及的各类子系统，包括经济系统的经济可持续性、资源系统的资源集约利用、环境系统的生态环境和谐与社会系统的人类福祉提高。

7.2.2.3 分类层

第三层为分类层，是控制层的进一步细化，不同的分类层同样是由多种内涵构成，共同反映该控制层的核心思想。本书认为经济系统的分类层应包含减量化、再利用、资源化三个因素；资源系统的分类层应包含提高物质效率和生态效率两个因素；环境系统分类层应包含环境质量、改造潜力和污染治理三个因素；社会系统分类层应包含反映社会发展与居民生活改善的两个因素。

7.2.2.4 指标层

第四层为具体指标层。指标层是评价体系的核心内容，针对上一级分类层的各项含义，在指标层设计与之相对应的详细指标，从而基于 ERES 系统构建一套四层次的资源型城市循环经济评价指标体系（如图7-1所示）。

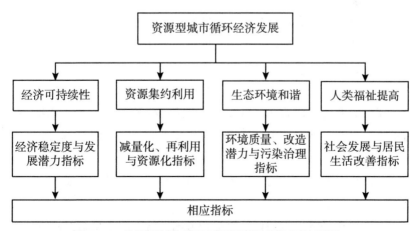

图7-1 资源型城市循环经济发展评价指标体系框架

7.3 指标构成与内涵

本节以循环经济发展为目标，以《循环经济评价指标体系（2017 年版）》以及前人对资源型城市循环经济指标体系设计为基础，结合不同领域专家的指导意见，以中国资源型城市当前的实际发展为基础，为六类资源型城市设计六套循环经济发展评价指标体系，以期全面覆盖中国各类资源型城市的循环经济评价研究。

7.3.1 共性指标

为了提高指标体系设计的精准性与实用性，本书在指标体系的设计过程中将指标细化，将具有普适性的指标应用于全部资源型城市循环经济评价，并称其为共性指标。

7.3.1.1 *经济可持续性*

经济可持续性表现的是一个地区经济发展的实力，由稳定度与潜力两方面体现。资源型城市经济发展轨迹总体经历三个阶段：一是资源产业快速发展阶段；二是资源产业衰落阶段；三是资源产业转型升级、新兴产业逐渐替代阶段。不论是处在哪种阶段的资源型城市，由于长期形成的资源依赖性，造成城市经济结构较为单一，发展潜力相对不足。同时，体制约束也造成资源型城市的资源大都被国有企业直接控制，本地只享受到极少的资源红利，因此资源型城市经济储量也并不占优势，两方面共同作用造成当前资源型城市经济发展面临沉重负担。

对于循环经济发展的评价要综合考虑经济发展水平与经济发展潜力两方面：一是选用人均 GDP、第三产业占 GDP 比重衡量目前资源型城市的经济发展综合水平；二是选用 R&D 经费支出占财政支出比重、实际利用 FDI 占 GDP 比重以及人均固定资产投资代表经济发展潜力（见表 7-1）。

表 7-1　　　　资源型城市经济系统循环经济运行共性指标

控制层	分类层	指标层	单位	指标性质
经济可持续性	发展水平	人均 GDP	元/人	+
		第三产业占 GDP 比重	%	+
	发展潜力	R&D 经费支出占 GDP 比重	%	+
		实际利用 FDI 占财政支出比重	%	+
		人均固定资产投资	元/人	+

7.3.1.2　资源集约利用

资源集约利用是循环经济运行的重要衡量标准。对资源的减量化和集约化使用又是循环经济转型的一大难点。因此，对资源利用进行科学评价对于把握资源型城市循环经济发展状况具有重要现实意义。

在资源集约利用的指标设计中，依据循环经济的"3R"发展原则，把指标具体分为：一是减量化，选取单位 GDP 能耗、单位 GDP 工业增加值能耗，通过经济总能耗和工业生产总能耗来反映经济发展的过程中能源消耗增减的变化情况；二是资源再利用，选取工业固废综合利用率、工业用水重复率，通过工业固废和工业用水的再利用情况反映工业发展过程对于废弃物的再利用情况；三是资源化，选取"三废"综合利用产品产值占工业增加值比重和城市污水集中处理率，前者表示工业"三废"的资源化所取得的经济效益，后者表示城市废弃物资源化程度，具体指标如表 7-2 所示。

表 7 – 2　　　资源型城市资源系统循环经济运行共性指标

控制层	分类层	指标层	单位	指标性质
资源集约利用	减量化	单位 GDP 能耗	吨标准煤/万元	－
		单位工业增加值能耗	吨标准煤/万元	－
	再利用	工业固废综合利用率	%	+
		工业用水重复率	%	+
	资源化	"三废"综合利用产品产值占工业增加值比重	%	+
		城市污水集中处理率	%	+

7.3.1.3　生态环境和谐

生态环境控制层主要由环境质量、改造潜力和污染治理三个类别构成：环境质量的指标选取建成区绿化覆盖率；改造潜力的指标选取环保投资占财政支出比重；环境治理由工业废水排放达标率、生活垃圾无害化处理率以及单位 GDP 所产生的工业废水、工业废气、工业固废产生量构成。通过城市环境发展、城市环境改造潜力以及环境污染治理现状三个角度对资源型城市环境系统的循环经济发展情况进行评价（见表 7 –3）。

表 7 – 3　　　资源型城市环境系统循环经济运行共性指标

控制层	分类层	指标层	单位	指标性质
生态环境和谐	环境质量	建成区绿化覆盖率	%	+
	改造潜力	环保投资占财政支出比重	%	+
	污染治理	工业废水排放达标率	%	+
		生活垃圾无害化处理率	%	+
		单位 GDP 工业废水产生量	吨/万元	－
		单位 GDP 工业废气产生量	立方米/万元	－
		单位 GDP 工业固废产生量	吨/万元	－

7.3.1.4 人类福祉提高

资源型城市收入分配不均、高失业率、社会保险制度不健全等问题造成人口流失严重，也是导致社会矛盾问题突出的主要原因。循环经济强调资源与物质的高效循环利用模式对于资源型城市的社会发展直接产生的影响是人类福祉的不断提高。

本书将人类福祉的提高作为衡量资源型城市社会发展与改善的控制层，具体由社会发展和生活质量改善两方面体现：其中社会发展由直接反映居民经济收入与保障的指标表示，包括城镇居民人均可支配收入、城镇登记失业率、社会保险覆盖率、万人在校大学生数量；生活质量由代表居民生活品质的城镇人均居住面积与人均道路面积反映。通过社会发展质量和居民生活质量两个层面对资源型城市社会系统的循环经济发展情况进行评价（见表 7-4）。

表 7-4　　　　资源型城市社会系统循环经济运行共性指标

控制层	分类层	指标层	单位	指标性质
人类福祉提高	社会发展	城镇居民人均可支配收入	元/人	+
		城镇登记失业率	%	+
		社会保险覆盖率	%	+
		万人在校大学生数量	年/人	+
	生活质量	城镇人均居住面积	平方米/人	+
		人均道路面积	平方米/人	+

7.3.1.5 资源型城市共性指标体系

最终，通过对资源型城市 ERES 系统的共性指标进行整理，得出资源型城市共 4 层 24 个指标的循环经济发展共性指标体系（见表 7-5）。

表 7 – 5   资源型城市循环经济运行共性指标体系

总体层	控制层	分类层	指标层	单位	指标性质
资源型城市循环经济发展	经济可持续性	发展水平	人均 GDP	元/人	+
			第三产业占 GDP 比重	%	+
		发展潜力	R&D 经费支出占 GDP 比重	%	+
			实际利用 FDI 占 GDP 比重	%	+
			人均固定资产投资	元/人	+
	资源集约利用	减量化	单位 GDP 能耗	吨标准煤/万元	−
			单位工业增加值能耗	吨标准煤/万元	−
		再利用	工业固废综合利用率	%	+
			工业用水重复率	%	+
		资源化	"三废"综合利用产品产值占工业增加值比重	%	+
			城市污水集中处理率	%	+
	生态环境和谐	环境质量	建成区绿化覆盖率	%	+
			环保投资占财政支出比重	%	+
		环境治理	工业废水排放达标率	%	+
			生活垃圾无害化处理率	%	+
			单位 GDP 工业废水产生量	吨/万元	−
			单位 GDP 工业废气产生量	立方米/万元	−
			单位 GDP 工业固废产生量	吨/万元	−
	人类福祉提高	社会发展	城镇居民人均可支配收入	元/人	+
			城镇登记失业率	%	+
			社会保险覆盖率	%	+
			万人在校大学生数量	年/人	+
		生活质量	城镇人均居住面积	平方米/人	+
			人均道路面积	平方米/人	+

7.3.2 特性指标

由于不同类型的资源型城市所依托资源产业不同，对其循环经济的研究不能以偏概全。因此，根据资源产业的不同，以及资源产业所引起的资源消耗状况的不同，本书为不同类型的资源型城市设计不同的循环经济发展特性指标，从而保证指标体系的完整性、准确性和实用性。其中特性指标的选择依据主要通过产业特性、资源利用特性、环境污染特性体现。

7.3.2.1 煤炭型城市

煤炭型城市经济发展以煤炭开采与煤化工等煤炭精深加工产业为主。对于特性指标的设计需要考虑以下两点：一是反映经济发展水平的煤炭产业增加值占工业增加值比重，只有煤炭工业的比重在城市经济结构中分量逐渐下降，煤炭型城市的经济发展才能摆脱煤炭束缚，从而显示出城市经济结构的多元化发展；二是反映资源使用减量化的单位煤炭产业增加值能耗，煤炭型城市的煤炭消耗量巨大，通过煤炭产业增加值能耗的下降可以反映出城市能源利用结构的转变情况。具体指标如表 7 - 6 所示。

表 7 - 6　　　　煤炭型城市循环经济评价指标体系特性指标

控制层	分类层	指标层	单位	指标性质
经济可持续性	发展水平	煤炭产业增加值占工业增加值比重	%	—
资源集约利用	减量化	单位煤炭产业增加值能耗	吨标准煤/万元	—

参照中国国家统计局颁布的《国民经济行业分类》（GB/4654 - 2011）对于不同类型产业划分标准，本书所指的煤炭产业包括煤炭开采、洗选业，以及煤炭化工相关的与煤炭直接利用的电热产业总

和。其中，煤炭化工业是指以煤为原料，经化学作用加工使煤转化为气体、液体和固体燃料以及化学品的工业。

7.3.2.2 油气型城市

针对油气资源型城市的产业发展特点，本书对其循环经济评价指标的选择主要考虑了两点：一是反映经济发展水平的石油化工产业增加值占工业增加值比重，用以衡量油气型城市经济结构的多元化发展状况；二是反映资源系统资源集约利用中减量化的单位油气工业增加值能耗，用以衡量油气产业的能源消耗情况（见表7-7）。

表7-7　　　　油气型城市循环经济评价指标体系特性指标

控制层	分类层	指标层	单位	指标性质
经济可持续性	发展水平	油气产业增加值占工业增加值比重	%	-
资源集约利用	减量化	单位油气产业增加值能耗	吨标准煤/万元	-

油气型产业主要以石油与天然气的开采加工为主。其中石油产业是指与油气相关的产业的总称，主要包括油气勘探、油气开采、油气炼制、石油化工、油品储运等具体产业。油气加工业是指以石油和天然气为生产原料，对其进行二次加工生产相关制品的工业。参照国家标准，本书的石油产业选择了研究区统计年鉴划分的石油和天然气开采业、石油加工、炼焦及核燃料加工业。

7.3.2.3 钢铁型城市

钢铁型城市能源消耗大、环境污染程度深、经济沉淀成本重、转型难度相对巨大。对其循环经济评价指标的设计主要根据其实际发展情况增添了以下三个指标：一是反映经济发展水平的钢铁产业增加值占工业增加值比重；二是反映减量化的单位钢铁工业增加值能源消耗，用以监控钢铁产业对于城市经济以及环境影响的大小，对于钢铁型城市的循环经济发展需要测评的重点便是钢铁产业增加值占工业增加值比重，通过轻存量精增量的方式，提高资源使用效率、减少产业转型对城市经济的影响；三是考虑到钢铁的可重复利用特性，增加反映资源化的废弃资源综合利用产业增加值占工业增加值比重以描述钢铁型城市对于废旧资源的回收利用体系发展程度。具体指标如表 7-8 所示。

表 7-8　　　　钢铁型城市循环经济评价指标体系特性指标

控制层	分类层	指标层	单位	指标性质
经济可持续性	发展水平	钢铁产业增加值占工业增加值比重	%	-
资源集约利用	减量化	单位钢铁产业增加值能耗	吨标准煤/万元	-
	资源化	废弃资源综合利用业增加值占工业增加值比重	%	+

参照国民行业划分标准，钢铁产业指的是生产生铁、钢、钢材、工业纯铁和铁合金的工业，主要包括黑色金属矿采选业、黑色金属冶炼及压延加工业。

7.3.2.4　金属型城市

金属型城市主要以有色金属的开采与冶炼加工为主。由于不同城市经济发展水平不同，产业转型意识不同，造成各地金属产业技术研发投入程度不一，进一步加剧了金属型城市经济发展的差异。

基于上述原因，本书增加了三个指标用以描述金属型城市的循环经济发展：一是反映经济发展水平的金属产业增加值占工业增加值比重，评价金属型城市资源脱钩发展情况；二是增添反映减量化的单位金属产业增加值能耗，考察金属产业的能源消耗状况，随着金属产业能耗的下降，可以证明金属型城市的能源结构在发生良性转型；三是增加废弃资源综合利用业增加值占工业增加值比重，金属资源作为国家明确要求回收再利用的资源之一，废弃资源的综合利用增加值可以体现金属型城市在废旧资源再利用和资源化方面所做出的成效。具体指标如表7-9所示。

表7-9　　　金属型城市循环经济评价指标体系特性指标

控制层	分类层	指标层	单位	指标性质
经济 可持续性	发展水平	金属产业增加值占 工业增加值比重	%	-
资源集约 利用	减量化	单位金属产业增加值能耗	吨标准煤/ 万元	-
	资源化	废弃资源综合利用业增加值占 工业增加值比重	%	+

根据金属型城市的经济发展特点，参照国家标准，与金属矿产开采、研发、加工、冶炼等相关的各项产业均包含在本书所指的金属加工产业。主要包括有色金属矿采选业、有色金属冶炼及压延加工业、金属制造业。

7.3.2.5　非金属型城市

非金属型城市循环经济特性指标的设计增加了以下三个指标：一是反映经济发展水平的非金属产业增加值占工业增加值比重，用以描述非金属产业对于城市经济增长的作用，从而评价城市经济对于非金属资源的依赖程度；二是反映资源减量化的单位非金属产业增加值能耗，以体现非金属产业的能源消耗状况；三是反映资源化的废弃资源综合利用业增加值占工业增加值比重，用以考察非金属型城市对于废弃资源的再生化程度。具体指标如表7-10所示。

表 7 -10   非金属型城市循环经济评价指标体系特性指标

控制层	分类层	指标层	单位	指标性质
经济可持续性	发展水平	非金属产业增加值占工业增加值比重	%	-
资源集约利用	减量化	单位非金属产业增加值能耗	吨示准煤/万元	-
	资源化	废弃资源综合利用业增加值占工业增加值比重	%	+

非金属矿产是指除能源矿产、金属矿产以外，资源系统产出的另一类可供提取的有用非金属元素、化合物或能直接利用其工艺技术性能的矿物和岩石。因此与之相对应的非金属产业主要包括非金属矿产的开采、研发、加工、冶炼等相关行业，落实到具体行业主要包括非金属矿采选业以及非金属矿物制品业。

7.3.2.6 森工型城市

森工型城市循环经济特性指标的设计主要考虑以下三个指标：一是增加反映经济发展水平的森工产业增加值占工业增加值比重，用于衡量城市经济发展对于森工产业的依赖程度，随着该指标比重的下降，也证明城市产业结构的多元化发展；二是反映减量化的单位森工产业增加值能耗，用以评价森工产业的能源消耗情况，体现经济能源消耗结构的变化；三是增加反映生态环境发展质量的森林覆盖率，体现城市的环境发展趋势。具体指标如表7-11所示。

森林工业包括森林采伐运输工业、木材加工工业以及林产化学工业。从具体的国家行业分类和研究区统计年鉴的划分来看，本书所指的森工产业主要包括木材加工、木（竹、藤、棕、草）制品业、家具制造业、造纸和纸制品业。

表7-11　　森工型城市循环经济评价指标体系特性指标

控制层	分类层	指标层	单位	指标性质
经济可持续性	发展水平	森工产业增加值占工业增加值比重	%	－
资源集约利用	减量化	单位森工产业增加值能耗	吨标准煤/万元	－
生态环境公平	环境质量	森林覆盖率	%	＋

7.4 本章小结

科学的指标体系是评价资源型城市循环经济发展现状的重要手段。本章的研究目的是通过建立一套合理的评价体系，用以实时把握资源型城市循环经济发展情况，并对其发展路径进行合理调控。

本章设计的资源型城市循环经济评价指标体系共分为目标层、控制层、分类层和指标层四个层次。其中，控制层由经济可持续性、资源集约利用、生态环境和谐与社会福利提高四部分组成。指标层中的指标由共性指标和特性指标共同构成，其中，共性指标适用于所有资源型城市的循环经济发展，在共性指标的基础上，基于资源型城市不同的产业类型，设计与其 ERES 系统相适应的循环经济评价特性指标，从而突出资源经济的特殊性。最后根据依托资源的不同，将共性指标与各类资源型城市的特性指标相结合，为六类资源型城市设计出与其发展特性相适应的循环经济评价指标体系。

第 8 章

资源型城市循环经济
评价及发展对策

资源型城市循环经济评价指标体系的建立可以为地方政府提供一种科学评价方法。管理者通过定期对城市循环经济运行情况进行评价与分析，根据评价结果寻找循环经济运行过程中存在的问题，对于及时优化循环经济发展对策具有重要理论与现实意义。基于此，本章实证研究的主要内容是选取一定数量的资源型城市，针对其 1999 ~ 2014 年的循环经济发展状况进行评价，分析近年来各类资源型城市的循环经济运行状况，发现其中存在的问题，在结合前文研究的资源型城市循环经济发展机制和发展模式的基础之上，根据评价结果为不同类型的资源型城市提供未来循环经济的发展对策。

8.1　研究城市与方法

8.1.1　资源型城市选择

本书第 3 章对资源型城市类型进行划分后，得到煤炭型城市 59 座，油气型城市 12 座，钢铁型城市 11 座，金属型城市 25 座，非金属型城市 11 座，森工型城市 8 座。结合本书第 7 章设计的六类资源型城市循环经济评价体系，本章在不同类型的资源型城市选择典型研究城市，对其循环经济发展状况进行评价。

8.1.1.1 研究城市选择原则

在数量庞大的资源型城市中，本书在煤炭型城市中选择了临汾、焦作、洛阳、徐州、泰安、亳州、榆林、鄂尔多斯 8 座；油气型城市中选择大庆、南充 2 座；钢铁型城市中选择唐山、马鞍山 2 座；金属型城市中选择铜陵、三门峡 2 座；非金属型城市选择滁州、临沂 2 座；森工型城市仅选择牡丹江 1 座，共 17 座资源型城市 1999 ~ 2014 年的数据样本作为本次实证研究的代表城市。对于研究城市的选择主要基于以下两项原则：

（1）数据可得性。

首先，由于资源型城市数量众多，经济发展水平不一，社会发展差异巨大，政府相关部门对于循环经济的认识程度也深浅不一，导致统计部门对于循环经济的监控与统计资料参差不齐。例如江西省景德镇、四川省的雅安对部门产业能源消耗等相关数据统计缺失严重。因此，本书优先考虑指标数据可得性强的城市。

其次，由于资源形成的特殊自然限制，中国的资源型城市，尤其是近几年兴起的城市，大都处于中国老少边穷地区。这类城市建制时间短，政府部门相对不健全，造成循环经济相关数据统计性差。例如，新疆的巴音郭楞蒙古自治州、四川的凉山彝族自治州等，虽然资源丰富，但是城市综合发展水平有限，政府和各企业都是自 2005 年之后才开始对城市的社会经济发展数据进行较为翔实的统计。因此，这类数据残缺较大的城市也不作为本次实证研究的城市。

（2）典型资源型城市。由于数据的缺失，本书不能对所有资源型城市的循环经济进行评价，因此只能选择具有典型特点的城市作为代表，这些典型性具有以下几种特点：

首先，主导产业明确。资源产业作为城市主导产业是本次研究城市选择的根本。本书将资源产业增加值在工业产业增加值份额超过 20% 作为选择标准（由于非金属产业和森工产业的规模相对较小的实际特点，因此非金属型城市和森工型城市例外），从而突出资源型城市的资源特点。以大庆市为例，作为典型油气型城市，2014 年大庆市实现工业增加值 3059.1 亿元，而油气开采及相关化工产业实现增加值 2059.9 亿元，占据工业增加值 67.34%①。

其次，资源开采时间长。传统资源型城市一般都已经处于成熟期甚至衰退期，中国 126 座地级资源型城市中有 106 座处于成熟或已经开始衰退的阶段，若不及时进行转型很有可能发生矿竭城衰的危险。对于这些城市循环经济运行状况的评价对于政府及时优化城市转型路径，加速城市转型具有重要意义。因此本书选择大庆、临汾等成熟期与焦作、徐州、铜陵等资源枯竭或再生期的资源型城市作为研究城市。

最后，影响范围大。中国有许多资源型城市资源产业起步较晚，但是随着资源开采速度与规模不断扩大，技术不断更新，城市社会经济发展对资源的依赖性逐渐加强。这类城市大都处于成长期，虽然资源产业发展只在近 20 年的时间，但是经济发展迅速，很快就成为区域甚至中国的资源储备基地，例如榆林、鄂尔多斯都是近些年发展起来的中国重要的能源化工型城市。为避免这类城市走传统的"资源诅咒"老路，我们有必要在城市发展初期就为其规划一条可持续发展之路。因此，榆林、鄂尔多斯等成长期的城市也被作为研究城市。

综上所述，基于对数据获取完整性、资源产业明确和城市影响程度等情况的考虑，同时结合城市的发展阶段，本书在不同类型的资源型城市中选取原始数据最为全面，且较为典型的 17 座资源型城市作为循环经济评价研究的城市。

8.1.1.2　研究时段选择原则

本书选择 1999～2014 年近 16 年的时间范围作为资源型城市循环经济评价的研究时段，主要是基于以下两点考虑：首先仍然是数据的可获得性，资源型城市在 2000 年之前对于城市循环经济发展的数据统计缺失较为严重；其次是因为 1999～2014 年跨越中国"十五"末

① 《大庆统计年鉴（2015）》。

期到"十二五"末期，历经三个"五年计划"，能清晰显示出中国经济从高速增长到中高速增长对于资源型城市的循环经济发展产生的影响；最后中国的资源型城市大都自20世纪90年代末期开始转型，对其转型过程的循环经济发展状况进行评价，有利于政府今后相关政策的制定。因此，1999~2014年的研究范围的设定可以作为一个较为合理的中期发展时段，对目前中国资源型城市的循环经济发展进行一次科学评估，具体的研究城市与数据来源见表8-1。

表8-1　　　　　　　　　　研究区数据来源

城市类型	城市	数据来源
煤炭型城市	临汾、焦作、洛阳、徐州、泰安、亳州、榆林、鄂尔多斯	《临汾统计年鉴》（2000~2015年）、《焦作统计年鉴》（2000~2015年）、《洛阳统计年鉴》（2000~2015年）、《徐州统计年鉴》（2000~2015年）、《泰安统计年鉴》（2000~2015年）、《亳州统计年鉴》（2000~2015年）、《榆林统计年鉴》（1999~2014年）、《鄂尔多斯统计年鉴》（2000~2015年）
油气型城市	大庆、南充	《大庆统计年鉴》（2000~2015年）、《南充统计年鉴》（2000~2015年）
钢铁型城市	唐山、马鞍山	《唐山统计年鉴》（2000~2015年）、《马鞍山统计年鉴》（2000~2015年）
金属型城市	铜陵、三门峡	《铜陵统计年鉴》（2000~2015年）、《三门峡统计年鉴》（2000~2015年）
非金属型城市	滁州、临沂	《滁州统计年鉴》（2000~2015年）、《临沂统计年鉴》（2000~2015年）
森工型城市	牡丹江	《牡丹江统计年鉴》（2000~2015年）

综上所述，本书以不同发展阶段、不同发展规模的典型资源型城市为例，对于相同类型城市中同一指标的原始数据通过加权求和的方式，获得一类城市的原始指标，从而代表此类型城市，对此类城市进行评价分析。

8.1.2 研究方法

8.1.2.1 主成分分析法

本书利用主成分分析法对资源型城市指标体系进行过标准化的数据进行处理，从而得出研究时段内资源型城市不同子系统的循环经济得分变化情况。

8.1.2.2 AHP层次分析法

在利用主成分分析法对资源型城市循环经济 ERES 系统各个指标的得分进行处理后，采用层次分析法（AHP），通过专家打分的方式分别对不同系统的权重进行赋值，从而求出资源型城市的循环经济发展综合得分。

8.2 研究过程——以煤炭型城市为例

由于本次实证研究涉及煤炭型、油气型、钢铁型等六类资源型城市的循环经济发展评价，但是评价过程与方法相同，因此本节仅以煤炭型城市为例，对资源型城市的循环经济评价过程进行分析，省去其他类型的资源型城市循环经济评价过程与计算步骤，直接得出评价结果。

8.2.1 基于主成分分析的经济子系统评价

8.2.1.1 指标的标准化处理

由于不同指标代表的含义不同，性质不同，不具有可比性，因此为了统一各指标的量纲，首先需要对所有原始数据进行标准化处理。

性质为正向的指标，数值越大表示越积极，如人均 GDP、人均固定资产投资额等指标利用，用公式（8-1）处理：

$$x'_{ij} = \frac{x_{ij} - minx_i}{maxx_i - minx_i}, \quad 0 \leqslant x'_{ij} \leqslant 1 \qquad (8-1)$$

性质为负向的指标，数值越大表示越消极，如单位 GDP 能耗、城镇登记失业率等指标，则利用公式（8-2）处理：

$$x'_{ij} = \frac{minx_i - x_{ij}}{maxx_i - minx_i}, \quad 0 \leqslant x'_{ij} \leqslant 1 \qquad (8-2)$$

各原始数据指标标准化处理的数据见表 8-2。

表 8-2　　　　　　　煤炭型城市各指标标准化结果

年份	煤炭型					
	X_1	X_2	X_3	X_4	X_5	X_6
1999	-1.0463	-0.1927	-0.9630	-2.1407	0.4748	-0.5812
2000	-1.0232	0.4240	-0.9478	-1.9915	0.6996	-1.1981
2001	-0.9952	2.2742	-0.9335	0.1844	-0.0871	-0.7134
2002	-0.9557	-0.1927	-0.9094	-0.0659	1.0367	-0.3608
2003	-0.8807	0.4240	-0.8369	-1.0817	2.4077	-0.4710
2004	-0.7736	-0.1927	-0.7531	-0.6725	0.2725	-0.6693
2005	-0.6033	-0.8095	-0.6322	0.3987	-0.0197	-0.9778
2006	-0.4331	0.4240	-0.4880	0.0809	-1.7278	-1.0659
2007	-0.1926	-0.1927	-0.2688	-0.1574	-1.4132	-0.4489
2008	0.1443	0.4240	-0.0490	1.2146	-0.7614	-0.1405
2009	0.3525	1.0407	0.3145	0.4637	-0.7838	0.2121
2010	0.6879	0.4240	0.6746	0.7477	-0.7838	0.4765
2011	1.0948	-1.4262	0.8881	0.5575	-0.2219	2.0850
2012	1.3838	-2.0429	1.3548	0.8825	0.0028	1.3138
2013	1.5471	-0.8095	1.6827	0.7068	0.6546	1.1375
2014	1.6931	0.4240	1.8671	0.8728	0.2500	1.4019

8.2.1.2 指标特征值与贡献率确定

通过 SPSS 6.0 软件, 本书将标准化处理的煤炭型城市循环经济发展的 26 个指标进行主成分分析, 用来确定最终目标 (见表 8 - 3)。

表 8 - 3   主成分因子的指标特征根、贡献率和累积贡献率

主成分	特征根	贡献率（%）	累计贡献率（%）
F_1	16.4977	63.4530	63.4530
F_2	3.0546	11.7485	75.2016
F_3	1.8334	7.0517	82.2533
F_4	1.2674	4.8747	87.1280

由表 8 - 3 可知, 主成分个数为 4 时, 累计贡献率为 87.128%, 大于 85%, 说明前 4 个主成分已经能够表示指标的大部分特征。因此, 分别取前 4 个主成分作为第一主成分 F_1、第二主成分 F_2、第三主成分 F_3 与第四主成分 F_4, 并计算出相应的特征向量 (即主成分的载荷矩阵), 见表 8 - 4。

表 8 - 4   煤炭型城市经济可持续性系统主成分载荷矩阵

指标	F_1	F_2	F_3	F_4
人均 GDP（X_1）	0.9600	0.2364	0.0275	- 0.0075
第三产业占 GDP 比重（X_2）	- 0.3912	- 0.2135	- 0.4884	0.6465
煤炭产业增加值占工业增加值比重（X_3）	0.8236	- 0.2606	0.0862	0.3013
人均固定资产投资额（X_4）	0.9378	0.3010	- 0.0052	0.0088
R&D 经费占财政支出比重（X_5）	- 0.3406	0.5865	0.2540	- 0.0283
实际利用 FDI 占 GDP 比重（X_6）	0.8246	0.3714	0.2582	0.0494

最后通过各指标的主成分载荷矩阵与其相对应的标准化矩阵相对

的乘积，得到经济可持续系统 6 个指标 1999~2014 年的得分（见表 8-5）与经济可持续系统的综合评价（见表 8-6）。

表 8-5 　　　　　煤炭型城市经济可持续系统各指标得分

年份	指标	F1	F2	F3	F4	F
1999	人均 GDP（X_1）	-1.0045	-0.2474	-0.0288	0.0079	-1.2728
	第三产业占 GDP 比重（X_2）	0.0754	0.0411	0.0941	-0.1246	0.0861
	煤炭产业增加值占工业增加值比重（X_3）	-1.7632	0.5580	-0.1845	-0.6451	-2.0348
	人均固定资产投资额（X_4）	-0.9032	-0.2899	0.0050	-0.0085	-1.1966
	R&D 经费占财政支出比重（X_5）	-0.1618	0.2785	0.1206	-0.0134	0.2239
	实际利用 FDI 占 GDP 比重（X_6）	-0.4792	-0.2159	-0.1501	-0.0288	-0.8740
2000	人均 GDP（X_1）	-0.9823	-0.2420	-0.0282	-0.0240	-1.2765
	第三产业占 GDP 比重（X_2）	-0.1659	-0.0905	-0.2071	-0.0223	-0.4858
	煤炭产业增加值占工业增加值比重（X_3）	-1.6403	0.5191	-0.1717	-0.0227	-1.3156
	人均固定资产投资额（X_4）	-0.8889	-0.2853	0.0049	0.1506	-1.0187
	R&D 经费占财政支出比重（X_5）	-0.2383	0.4103	0.1778	0.3957	0.7454
	实际利用 FDI 占 GDP 比重（X_6）	-0.9880	-0.4451	-0.3095	0.0847	-1.6578
…	…	…	…	…	…	…

续表

年份	指标	F1	F2	F3	F4	F
2014	人均 GDP（X_1）	1.6255	0.4004	0.0466	－0.0128	2.0597
	第三产业占 GDP 比重（X_2）	－0.1659	－0.0905	－0.2071	0.2741	－0.1894
	煤炭产业增加值占工业增加值比重（X_3）	0.7189	－0.2275	0.0752	0.2630	0.8297
	人均固定资产投资额（X_4）	1.7511	0.5621	－0.0097	0.0165	2.3200
	R&D 经费占财政支出比重（X_5）	－0.0852	0.1467	0.0635	－0.0071	0.1179
	实际利用 FDI 占 GDP 比重（X_6）	1.1561	0.5208	0.3621	0.0694	2.1083

表 8－6　　　　煤炭型城市经济系统循环经济发展评价

年份	F 经济
1999	－5.0682
2000	－5.9767
2001	－4.3249
2002	－2.3228
2003	－2.9016
2004	－3.3079
2005	－2.2587
2006	－3.6635
2007	－1.9734
2008	0.0594
2009	0.7447
2010	2.5433
2011	6.6331
2012	7.0952
2013	7.0257
2014	7.2462

根据表 8 - 6 显示的煤炭型城市 1999 ~ 2014 年经济可持续系统循环经济综合评价得分绘制出近 16 年来中国煤炭型城市经济子系统循环经济发展趋势图（如图 8 - 1 所示）。

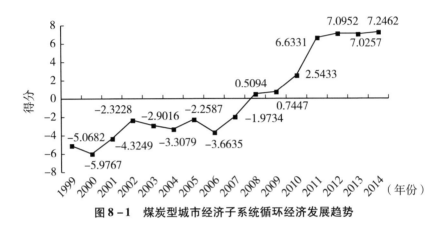

图 8 - 1 煤炭型城市经济子系统循环经济发展趋势

同理，用相同的理论和方法可以得到煤炭型城市、油气型城市、钢铁型城市、金属型城市、非金属型城市和森工型城市 1999 ~ 2014 的经济子系统、资源子系统、环境子系统和社会子系统的综合得分，并且绘制出年近 16 年不同子系统的循环经济发展趋势图（此处分析过程略）。

8.2.2 基于 AHP 层次分析的城市综合评价

在已确定 ERES 系统的循环经济发展得分的基础上，本书利用 AHP 层次分析法计算资源型城市的循环经济发展综合得分。经过对不同领域专家意见的征询，本书确立出 ERES 子系统的判断矩阵如表 8 - 7 所示。

表8-7　资源型城市 ERES 系统循环经济发展重要性判断矩阵

项目	经济子系统	资源子系统	环境子系统	社会子系统
经济子系统	1	1	2	2
资源子系统	1	1	2	2
环境子系统	1/2	1/2	1	1
社会子系统	1/2	1/2	1	1

根据上述矩阵权重结果，本书采用根法计算各个子系统对于可持续发展综合水平的相对权重向量（W_1，W_2，W_3，W_4）。首先将 A 的每一行元素相乘后开 n 次方根，得 $\overline{W}_1$，i＝1，2，3，4，然后将其正规化，即 W_i，得出 W 的近似值（W_1，W_2，W_3，W_4）。如表8-8所示。

表8-8　　　　　资源型城市 ERES 系统循环发展权重

项目	经济子系统	资源子系统	环境子系统	社会子系统	$\overline{W}_1$	W_i
经济子系统	1	1	2	2	1.4142	0.3333
资源子系统	1	1	2	2	1.4142	0.3333
环境子系统	1/2	1/2	1	1	0.7071	0.1667
社会子系统	1/2	1/2	1	1	0.7071	0.1667

用 W 的近似值计算出 $AW = ((AW_1)，(AW_2)，(AW_3)，(AW_4))^T$ 后，得出 λ_m 的近似值，$\lambda_m = \frac{1}{3}\sum_{i=1}^{3}\frac{(AW)_i}{\overline{w}_j} = 4$，上文提到，当 CR＝CI/RI＜0.1 时，判断矩阵具有满意的一致性，权重 W 可以用以表示因素在目标中所占的比重。此时 $CI = \frac{\lambda_m - n}{n-1} = \frac{4-4}{4-1} = 0$，当 n＝4 时，RI＝0.9。所以，CR＝0/0.9＝0＜0.1，说明权重可以接受。

最后，设资源型城市综合可持续发展水平为 F 综合，F 经济、F 资源、F 环境、F 社会各子系统的可持续发展水平值为 F1、F2、F3、

F4，则有 $F = \sum_{i=1}^{4} W_i \times F_i (i = 1, 2, 3, 4)$，从而得出资源型城市在不同研究时段的循环经济综合发展水平。本节以煤炭型城市为例，所得出的煤炭型城市循环经济综合评价结果，见表 8－9。根据表 8－9 显示的煤炭型城市 1999～2014 年循环经济综合评价得分可以绘制出 1999～2014 年中国煤炭型城市循环经济综合发展趋势走向，见图 8－2。

表 8－9　　　　　　　　煤炭型城市循环经济发展综合评价

年份	F 综合
1999	－ 5. 8034
2000	－ 5. 6086
2001	－ 4. 2470
2002	－ 2. 2502
2003	－ 2. 7525
2004	－ 3. 1296
2005	－ 2. 0494
2006	－ 1. 7825
2007	－ 0. 4788
2008	0. 8963
2009	1. 3384
2010	2. 7852
2011	5. 0107
2012	5. 6187
2013	5. 7180
2014	6. 7346

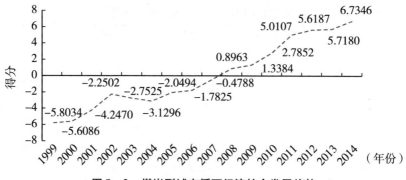

图 8 - 2　煤炭型城市循环经济综合发展趋势

同理，用相同的理论和方法可以得到 1999~2014 年油气型城市、钢铁型城市、金属型城市、非金属型城市和森工型城市的循环经济综合得分，并且绘制出 1999~2014 年不同类型资源型城市的循环经济综合发展趋势图（此处分析过程略）。

8.3　不同资源型城市评价

本节通过主成分分析与 AHP 层次分析相结合的方法，对六种类型的资源型城市 ERES 子系统以及城市综合系统的循环经济发展情况进行评价，了解其发展现状，发现其中存在的问题，并且为其今后循环经济发展进行路径规划。

8.3.1　煤炭型城市

8.3.1.1　ESER 系统循环经济发展评价结果

本章通过对煤炭型城市 1999~2014 年循环经济的评价研究，得出 1999~2014 年煤炭型城市 ERES 子系统的循环经济发展现状，如表 8 - 10 和图 8 - 3 所示。

表 8 - 10 煤炭型城市 **ERES** 系统循环经济发展评价

年份	F 经济	F 资源	F 环境	F 社会
1999	- 5.0682	- 5.3341	- 6.6502	- 7.3650
2000	- 5.9767	- 4.7183	- 5.8617	- 6.3998
2001	- 4.3249	- 4.0692	- 3.9104	- 4.7831
2002	- 2.3228	- 2.0936	- 2.7826	- 1.8856
2003	- 2.9016	- 2.6757	- 1.7243	- 3.6362
2004	- 3.3079	- 2.2521	- 2.6251	- 5.0319
2005	- 2.2587	- 1.2538	- 1.7958	- 3.4755
2006	- 3.6635	- 0.4399	0.0119	- 2.5004
2007	- 1.9734	0.3524	1.4843	- 1.1152
2008	0.5094	0.8087	2.1264	0.6149
2009	0.7447	1.7714	- 0.3199	3.3179
2010	2.5433	2.3859	2.8100	4.0425
2011	6.6331	3.9080	4.0490	4.9334
2012	7.0952	4.2070	4.2491	6.8584
2013	7.0257	4.1406	5.1414	6.8339
2014	7.2462	5.2626	5.7977	9.5917

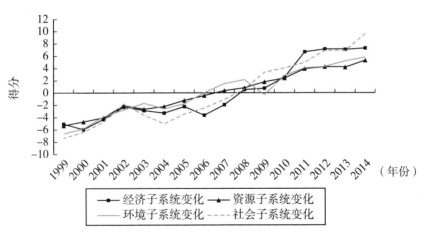

图 8 - 3 煤炭型城市 **ERES** 系统循环经济发展趋势

由表 8 - 10 和图 8 - 3 可以看出，煤炭型城市经济子系统的循环经济在 1999 ~ 2014 年总体呈正向发展趋势，但是随着波动幅度的不同可以分为四个阶段：1999 ~ 2001 年的趋好期；2002 ~ 2006 年的平稳期；2007 ~ 2011 年的上升期，值得注意的是，2008 ~ 2009 年由于世界经济危机的爆发，煤炭型城市的经济系统表现出明显的应激下降反应，之后随着中央政府政策扶持，以及城市本身产业转型升级，经济系统的循环经济趋好；2012 ~ 2014 年的疲软期，进入"十二五"阶段，由于国家能源结构调整不断深化，煤炭在能源消耗方面的比例持续下降，煤炭型经济明显动力不足，造成循环经济发展缺乏经济保障。此外，近年来政府研发投入比重不断下滑也阻碍了煤炭型城市循环经济的发展速率。

煤炭型城市资源子系统的循环经济发展趋势良好。能源消耗下降明显，能源结构调整效果初显，但是在 2011 年之后，能耗下降进入"瓶颈"期。此外，工业固废综合利用率、工业用水重复率等资源再利用和资源化的指标持续波动。由此反映出目前煤炭型城市与静脉产业相关的资源再生体系建设不够健全，造成资源系统的循环经济转型趋势放缓。

煤炭型城市环境子系统 1999 ~ 2004 年的循环经济发展较为波动。2008 年之后，随着经济发展进入疲软期，环保治理费用投资也随之降低，造成环境系统在 2008 年之后循环经济转型放缓。这种表现反映出煤炭型城市的节能环保技术仍然不高，政府以及企业的环保意识仍需加强，一旦经济面临发展困境，环保投资也随之下降。

煤炭型城市社会子系统的循环经济发展状况持续改善。主要表现在市政基础设施建设（人均道路面积）和教育投入（万人在校大学生数量）两类指标的显著提高。但值得注意的是，煤炭型城市的社会保障体系建设（社会保险覆盖率）在研究时段内基本持平，说明煤炭型城市的社会保障体系建设发展空间巨大。此外，随着经济发展的放缓，人均居民可支配收入在 2014 年较 2013 年下降了 7.6%，这也对社会系统的循环经济发展产生阻碍影响。

8.3.1.2 循环经济综合发展评价结果

图8-4显示了煤炭型城市1999～2014年的循环经济综合变化趋势，同子系统变化相同，煤炭型城市的循环经济呈现趋于良好的走势。1999～2002年随着城市ERES系统的良性运转，循环经济综合发展水平不断提升；2003～2004年呈现一个小幅度下降，而在当年仅有环境子系统发展转好，说明这段时期的经济发展与环境损耗之间存在明显的依赖关系，一旦环境治理力度加大，其余系统的发展都会受到波动；之后2005～2011年间的循环经济持续上升；2012～2014年随着中国能源结构的深化调整，经济发展对于煤炭资源的依附程度逐渐下降，煤炭型城市的循环经济趋好性开始放缓。由于资源经济发展放缓，财政收入不足，造成政府科研创新投入、环境治理的投入都有所下调，前者从2013年的1.74%略微下降到2014年的1.56%，后者则从2013年的3.36%下降到2014年的2.88%。这种研发投入的下降造成资源再利用技术和环境修复技术的相对停滞，从而导致资源系统和环境系统的循环经济发展速度放缓。同时由于经济发展的放缓导致长期没有改善的社会保险覆盖体系几乎没有变化，加大了社会系统循环发展的难度。

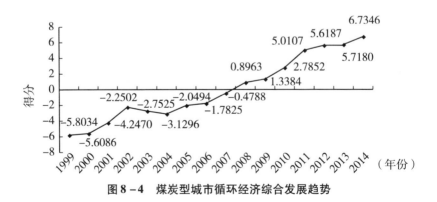

图8-4 煤炭型城市循环经济综合发展趋势

通过对煤炭型城市ERES系统和循环经济的综合研究不难发现，目前煤炭型城市循环经济发展总体趋势良好，但是循环经济转型仍然存在以下几方面问题：（1）煤炭产业经济附加值低，经济发展缺乏动力；（2）资源在减量化环节有所提高，但是资源再利用和资源化的相关体系发展波动严重；（3）环境发展与城市经济增长联系紧密，城市经济的波动直接影响政府对于环境保护的支出；（4）社会保险覆盖率建设任务艰巨。

8.3.2　油气型城市

中国能源利用结构在近些年中逐渐向油气能源转型。此外，由于石油化工产品对于中国经济建设意义重大，而中国油气型城市相对较少，油气资源只有通过国外进口才能满足。因此，油气型城市循环经济发展不仅关系到资源型城市转型，更关系到中国的能源安全问题。

8.3.2.1　ESER 系统循环经济发展评价结果

本节通过对油气型城市 1999～2014 年循环经济的评价研究，得出油气型城市 ERES 子系统的循环经济发展情况，如表 8 - 11 和图 8 - 5 所示。

表 8 - 11　　油气型城市 ERES 系统循环经济发展评价

年份	F 经济	F 资源	F 环境	F 社会
1999	- 5.0050	- 4.3061	- 7.7786	- 6.4550
2000	- 5.7469	- 3.3132	- 3.2430	- 5.7518
2001	- 5.3985	- 2.7055	- 3.0624	- 5.3348
2002	- 4.4531	- 2.6564	- 4.3776	- 2.8317
2003	- 4.2098	- 2.3529	- 4.4862	- 2.5128
2004	- 3.0989	- 1.4117	- 4.5830	- 2.2157
2005	- 2.7774	- 2.8478	- 2.8513	- 0.7215
2006	- 2.2748	- 1.5564	- 1.5769	- 1.4753
2007	- 0.8341	- 2.5079	- 2.4921	- 2.8247
2008	- 0.3060	- 1.2991	1.9053	- 0.5063

续表

年份	F 经济	F 资源	F 环境	F 社会
2009	1. 8154	2. 6110	2. 5689	− 0. 7969
2010	5. 1466	3. 9285	3. 3913	0. 7270
2011	4. 5177	3. 2946	7. 2750	4. 7487
2012	6. 6104	4. 8595	7. 9754	6. 7922
2013	7. 8129	4. 7137	7. 8969	8. 6926
2014	8. 2015	5. 5498	8. 5753	10. 4660

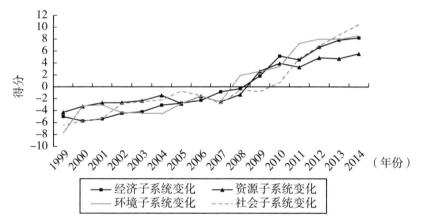

图 8 – 5　油气型城市 ERES 系统循环经济发展势

由表 8 – 11 和图 8 – 5 可以看出，油气型城市经济子系统的循环经济在 1999 ~ 2014 年总体呈趋好态势。1999 ~ 2010 年的"十五"末期到"十一五"末期，油气型城市循环经济运行状况平稳，且持续增长；进入"十二五"之后，循环经济发展有所放缓，并且经济系统随着三产占比的增加和油气增加值占工业增加值占比的减少，人均 GDP 甚至在 2014 年较 2013 年下降 1.1%，这表明油气型城市经济增长对于油气资源依赖严重，其他产业的发展还不能给城市经济发展带来经济效益，城市产业转型任务艰巨。此外，研发投入占财政支出比重不断下降也导致经济系统缺乏循环经济发展潜力。

油气型城市资源子系统的循环经济发展趋势良好，"3R"指标总体呈现良性发展。但是在 2010 年之后，随着城市产业升级深化，经济发展有所放缓。造成政府研发投入财政支出减少，诱发资源系统的转型速度放缓，单位 GDP 能耗、单位油气产值能耗等减量化指标几乎没有改善，工业固废重复利用率和"三废"产值占工业总产值比重甚至出现了连年下降的趋势，资源系统的循环经济发展压力巨大。

油气型城市环境子系统的循环经济转型大致经历三个阶段：1999 ~ 2006 年的平稳上升期；2007 ~ 2010 年的加速上升期；2011 ~ 2014 年的放缓期，转型过程与经济和资源系统的循环经济发展基本一致。环境系统的稳步上升得益于废弃物排放治理取得的显著效果，而"十二五"时期循环经济发展放缓则是由于节能环保投资比重不断下降，造成油气型城市环境系统改善缺乏经济支持。

油气型城市社会子系统的循环经济发展在 2010 年之后发生明显改善，这主要是由于教育系统（万人在校大学生）的完善，提高了社会发展水平。值得注意的是，随着油气产业比重不断下降，油气型城市的失业率有所增加，此外油气型城市的社会保障覆盖程度也相对较低，且在近年呈下降趋势。

8.3.2.2 循环经济综合发展评价结果

图 8 - 6 显示了油气型城市 1999 ~ 2014 年的循环经济综合变化趋势。在 1999 ~ 2014 年间油气型城市循环经济综合发展水平稳步上升，表现为 1999 ~ 2007 年的平稳波动和 2008 ~ 2014 的快速上升两个阶段。

目前油气型城市循环经济发展势头良好，但是循环经济在今后的发展过程中仍然存在以下几方面亟待调整的问题：（1）城市经济发展过度依赖油气资源，第三产业发展缓慢，第二产业的其他工业产值过低，经济缺乏竞争力；（2）资源再生技术发展仍然落后；（3）环保投资比例不断下降，环保产业扶持和环保技术研发任务艰巨；（4）失业人群再就业压力较大。

图 8 - 6　油气型城市循环经济综合发展趋势

8.3.3　钢铁型城市

目前钢铁型城市转型升级压力巨大，通过本节的研究，可以厘清钢铁型城市目前的循环经济发展状况，为其今后可持续发展规划科学的发展路径。

8.3.3.1　ESER 系统循环经济发展评价结果

通过对钢铁型城市 1999～2014 年循环经济的评价研究，得出钢铁型城市 ERES 子系统的循环经济发展情况，如表 8 - 12 和图 8 - 7 所示。

表 8 - 12　　　　钢铁型城市 ERES 系统循环经济发展评价

年份	F 经济	F 资源	F 环境	F 社会
1999	− 5.5410	− 7.4553	− 15.0265	− 7.4311
2000	− 3.7623	− 7.0193	− 11.6580	− 6.3923
2001	− 3.1604	− 6.5253	− 5.8863	− 3.3886
2002	− 2.0962	− 6.8374	− 4.4789	− 2.4258
2003	− 1.9043	− 4.6222	− 3.7083	− 1.3925
2004	− 1.3236	− 1.7521	− 0.0175	− 0.4372
2005	− 0.8169	0.6223	2.1270	− 1.3747

续表

年份	F 经济	F 资源	F 环境	F 社会
2006	− 0.3890	0.9902	2.5036	− 0.0923
2007	0.5961	1.2804	2.7537	1.2094
2008	0.4502	3.4483	6.2364	1.6797
2009	2.1830	2.8014	7.3399	2.2519
2010	1.7875	3.9098	6.6964	2.2790
2011	1.8331	4.6595	2.8025	4.2174
2012	2.9900	5.3213	3.3031	2.9319
2013	4.1476	5.3531	3.1282	3.8207
2014	5.0063	5.8254	3.8848	4.5445

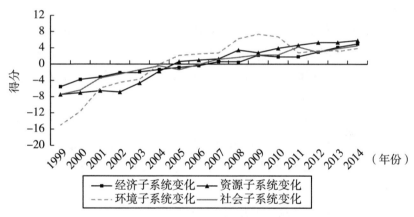

图 8 – 7　钢铁型城市 ERES 系统循环经济发展趋势

　　如图 8 – 7 所示，钢铁型城市经济子系统的循环经济发展在 1999 ~ 2014 年间呈现缓慢平稳上升的趋势。钢铁型城市早期经济基础较好，经济发展水平在其他资源型城市中居高位。随着中国经济发展进入新常态，经济结构调整的深化加剧了市场对于精密钢材的需求，但是中国钢铁型城市的生产技术有限，钢材市场供需矛盾突出。同时，近年来钢铁型城市的研发投入比重持续下降，直接削弱了钢铁型城市的经济可持续能力，不利于经济系统的循环经济转型。此外，钢铁产业增加值的下降以及三产占比的上升并没能加快经济系统循环经济的发展，说明钢铁型城市仍然对钢铁产业依赖严重，替代产业的发展未取得明显的经济效益。

钢铁型城市资源子系统的循环经济发展自 2003 年之后才进入加速期，2005 年进入正向发展后平稳缓慢上升至今。近年来，资源系统在资源的减量化和资源化使用方面都取得了明显的效果，单位GDP 能耗、单位钢铁增加值能耗等指标都在持续下降。但是作为特性指标的废弃资源综合利用业占工业增加值比重却表现出明显的不稳定性，历年高低波动较大，这从侧面反映出钢铁型城市的废旧资源回收系统建设仍不健全。

由图 8-7 可以看出钢铁型城市的环境系统循环经济发展经历了1999~2009 年的持续上升期和 2010~2014 年的下降期两个阶段。1999 年环境系统在所有系统中循环经济发展程度最差，随着环境治理力度（环保投入占财政支出比重）的不断加大，环境治理相关指标在持续好转，环境系统也在向循环经济转型。但是由于环保治理水平的限制，在 2010 年之后，工业"三废"的排放和产生量几乎没有任何改善，直接导致环境系统转型速率放缓。

钢铁型城市社会系统几乎同经济系统的循环经济发展情况相一致，在 1999~2014 年间呈缓慢上涨的趋势。但是社会保险覆盖率在近五年持续下降，这可能是由于过去的钢铁型城市多为企业办社会，企业员工即是社会公众，因此员工的社保覆盖率较高，随着城市产业转型造成的员工失业人数增多，同时其他产业的发展导致外来人口的增多，加剧了社会保险覆盖率的下降。

8.3.3.2 循环经济综合发展评价结果

图 8-8 显示了钢铁型城市 1999~2014 年的循环经济综合变化趋势。钢铁型城市经济基础的优势使得钢铁型城市成为六类资源型城市中最早实现循环经济正向发展的城市（2005 年），但是由于钢铁型城市经济、环境等各个系统转型负担都比较沉重，因此在日后的循环经

济发展中，其综合发展水平并未能超过其他类型的资源型城市。从发展阶段来看分为两个典型特征：1999～2008年的快速上升期，2009～2014年的停滞期。

图8-8　钢铁型城市循环经济综合发展趋势

钢铁型城市的循环经济转型路径需要从以下几方面进行规划：（1）经济发展潜力不足，替代产业还不能为城市带来经济效益，钢铁产业转型任务艰巨；（2）废旧资源回收体系仍然不健全，造成废旧资源浪费严重，影响了资源系统的循环经济发展；（3）环境保护技术与污染物处理技术无法满足钢铁生产要求，反映出钢铁形成尤其是钢铁产业节能减排技术的局限性，同时也反映出环保监管和处罚机制不够健全；（4）社会保障体系随着城市人口的增加逐渐下降，有可能成为未来制约社会系统循环经济发展的重要因素。

8.3.4　金属型城市

金属型城市为中国工业建设提供多种必备生产资料，在国民经济系统中扮演着重要的角色。金属型城市目前在中国有28座，对于金属型城市循环经济发展现状的评价对及时调整城市发展路径，转变产业结构、减少资源消耗、改善生态环境、提高人民生活水平意义重大。

8.3.4.1 ESER 系统循环经济发展评价结果

通过对金属型城市 1999～2014 年循环经济的评价研究，得出金属型城市 ERES 子系统的循环经济发展情况，如表 8 - 13 和图 8 - 9 所示。

表 8 - 13　　　金属型城市 ERES 系统循环经济发展评价

年份	F 经济	F 资源	F 环境	F 社会
1999	- 5.9834	- 10.3089	- 5.0603	- 4.6676
2000	- 4.9657	- 6.3263	- 3.0280	- 4.4066
2001	- 4.8656	- 5.6393	- 1.5523	- 3.6241
2002	- 4.5691	- 7.6292	1.2122	- 3.1365
2003	- 5.9048	- 6.2493	- 1.3709	- 4.3239
2004	- 4.0105	- 4.2805	- 2.3387	- 2.3831
2005	- 3.0044	0.2771	0.5472	- 0.3966
2008	1.2605	0.2453	1.5975	- 0.2542
2009	2.8742	- 0.2916	- 2.9068	1.4945
2010	3.9100	5.5521	4.7143	2.1882
2011	5.6030	4.1755	2.3022	3.3464
2012	6.7651	7.7554	0.2862	4.2442
2013	6.7047	9.4218	3.1036	6.8599
2014	6.7131	9.0110	3.2039	6.5714

金属型城市经济系统的循环经济发展分为三个阶段：1999～2003 年的稳定期；2004～2011 年的上升期；2012～2014 年的停滞期。经济系统循环经济自 2004 年进入趋好时期开始的 10 年中，各项指标都在呈现增加趋势，而进入 2012 年之后循环经济的变化又一次进入停滞常态。通过对经济发展水平下的指标进行对比，发现这 3 年的人均 GDP 维持在 65000 元左右，其余指标也几乎稳定变动幅度不大，前后两种阶段的情况说明，金属型产业发展能力有限，虽然为城市经济带

来了大幅发展，但是由于生产技术的限制，金属产业的经济效益只能
维持现状，因而造成经济系统循环经济发展停滞的状态。

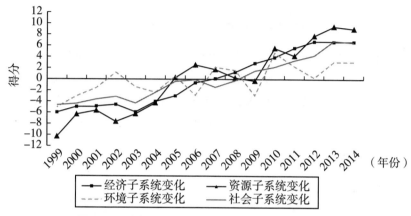

图8-9 金属型城市 ERES 系统循环经济发展趋势

　　金属型城市资源子系统循环经济发展趋好性明显，可以分为两个
上升阶段：1999～2009 年的起步期；2010～2014 的升级期。1999～
2014 年，减量化的各项指标得到了较好的发展，资源与能源投入减
少明显。2010 年后资源系统循环经济的发展又进行了一次升级，而
这次升级的驱动因素更多的是因为废旧资源综合利用效率的提高，促
进了资源化指标的发展，从而加速了循环经济的发展。但值得注意的
是，在废旧资源综合利用提升的同时，"三废"综合利用产值却又连
续下降，这有可能造成资源系统的衰减。

　　金属型城市环境子系统发展极不平稳，波动剧烈（如图8-9 所
示）。综观环境治理和环境发展质量的两大类指标，金属型城市的单
位 GDP "三废"产生和排放量在 16 年来均有所下降，但是在下降过
程中起伏明显。此外，单位 GDP 工业废水排放量也是六类资源型城
市最高，达到5.22 吨/万元。金属型城市环境系统循环经济的发展趋
势说明金属型城市环境保护任务艰巨。

　　金属型城市社会系统的循环经济发展在其余三个子系统中最为良
好，随着失业率的逐年降低、社会保险覆盖率的稳步提升可以看出金

属型城市社会保障发展相对合理，但是人均可支配收入在近3年基本没有变化，这与经济系统的发展相一致，因此扩大金属型城市经济规模仍然是实现社会循环经济趋好发展的重要保障因素。

8.3.4.2 循环经济综合发展评价结果

图8-10显示了金属型城市1999～2014年的循环经济综合变化趋势。1999～2014年间金属型城市循环经济综合发展水平整体呈上升趋势，但近年来发展缓慢，大体可以分为四个阶段：1999～2003年的停滞期；2004～2009年的发展期；2010～2012年的升级期；2013～2014年的停滞期。

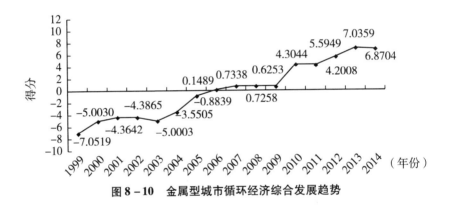

图8-10 金属型城市循环经济综合发展趋势

金属型城市的循环经济综合发展早在2006年就进入正向阶段，但是之后的近3年发展综合得分仅仅维持在0.7左右，循环经济发展并未得到明显提升，2009～2010年，城市循环经济才开始大规模好转，这与经济发展、资源使用效率提高、社会保障提高等密切相关，循环经济发展势头良好，但是在未来的发展中仍需在以下几方面进行调控：（1）金属产业发展稳定但经济效益有限，生产技术的限制抑制了产业经济效益的提高；（2）工业"三废"使用工艺技术不够成熟，监管机制不够健全；（3）污染物处理技术与污染物排放监管机制发展滞后。

8.3.5 非金属型城市

非金属城市在中国分布较为零散，产业规模发展有限，城市体量相对较小。如何利用好资源优势，提高产品附加值，扩大市场份额，同时合理引导替代产业的发展是非资源型城市转型升级面临的主要问题。

8.3.5.1 ESER 系统循环经济发展评价结果

通过对非金属型城市 1999～2014 年循环经济的评价研究，得出非金属型城市 ERES 子系统的循环经济发展情况，如表 8 - 14 和图 8 - 11 所示。

表 8 - 14　　　非金属型城市 ERES 系统循环经济发展评价

年份	F 经济	F 资源	F 环境	F 社会
1999	- 0.6335	- 3.5545	- 2.5539	- 2.9736
2000	0.9508	- 3.7047	- 2.4195	- 3.6475
2001	- 2.4578	- 3.0313	- 2.1332	- 4.5635
2002	- 0.1135	- 4.3901	- 2.7533	- 7.5516
2003	- 0.5456	- 2.3572	- 2.4498	- 3.9093
2004	- 1.6982	- 2.1169	- 2.5130	- 7.1130
2005	- 2.7136	- 1.7584	- 1.0149	- 4.8425
2006	- 2.4752	- 1.7190	0.2125	- 2.7946
2007	- 4.0041	- 1.1579	1.7754	- 2.0089
2008	- 3.0133	- 1.0394	0.8242	- 0.1239
2009	- 3.0082	4.0563	- 2.0433	0.8905
2010	- 0.7095	3.3366	- 0.6415	2.4044
2011	- 2.7975	2.7600	2.1472	4.6585
2012	7.4499	3.8645	5.7139	6.5972
2013	8.1955	5.4030	4.8437	12.3919
2014	7.5737	5.4089	3.0057	12.5859

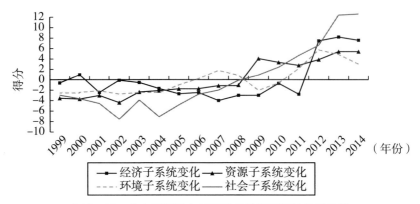

图 8－11　非金属型城市 ERES 系统循环经济发展趋势

　　非金属型城市相较其他类型资源型城市的经济系统循环经济发展最为缓慢，在 2011 年之后才彻底转为正向发展。通过观察前后两个阶段经济系统指标的变化情况发现，非金属产业增加值占工业增加值的比重逐渐提高，此外科研投入占比也在逐渐增加，从而提高了经济系统循环经济的发展水平。由此判断目前非金属型城市经济系统的发展仍然与非资源产业联系紧密，此外，政府对于科研的投入也会提升经济系统的发展潜力，显示出科技对于非金属型城市循环经济发展的重要性。

　　非金属型城市资源系统循环经济发展趋势良好，"3R"指标在近几年的发展基本都呈现正向趋势。但是"三废"综合利用产值指标近年发展并不稳定，这有可能造成资源系统的衰减。因此非金属型城市应该把稳步提高"三废"利用率作为今后资源系统发展的重点任务。

　　非金属型城市环境系统的环境治理工作在近年来效果显著，单位GDP"三废"的排放量较 1999 年下降了数倍。但是 2011 年之后，环境治理效益下降，与相应指标对比发现，环境系统的循环经济发展依靠大量的环保专项投资推动，环保投资占比的下降直接导致了环境系统循环经济得分的下降。

　　非金属型城市社会系统的循环经济自 2004 年之后持续上升。但是城市社保覆盖率在近 6 年呈现连续下滑的趋势，非金属型城市相较其他类型资源型城市社会保险覆盖率最高,但是连续下降将使得社会系统的循环经济出现放缓,因此非金属型城市需要重新完善社会保险体系,预防社会系统循环经济下滑现象的出现。

8.3.5.2 循环经济综合发展评价结果

图 8 - 12 显示了非金属型城市 1999 ~ 2014 年的循环经济综合变化趋势。非金属型城市的循环经济综合基础较好,但是发展较慢,在 2009 年才实现综合评价正向发展,是其他六种类型资源型城市中循环经济发展最为缓慢的一类城市。非金属型城市 1999 ~ 2014 年的循环经济发展可以分为三个阶段:一是 1999 ~ 2011 年的缓慢上升;二是 2011 ~ 2013 年的快速发展;三是 2013 ~ 2014 年的小幅下降。

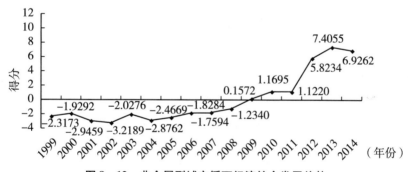

图 8 - 12 非金属型城市循环经济综合发展趋势

将非金属型城市的循环经济综合评价趋势图与其 ERES 子系统的循环经济发展评价趋势图(见图 8 - 11)进行对比,发现目前非金属型城市的循环经济仍然需要加强不同环节的建设:(1)非金属产业科研投入力度不足,制约非金属产业经济效益,替代产业发展缓慢;(2)工业"三废"使用效率仍然较低;(3)环保投入不稳定,不能满足城市社会经济活动的需求;(4)社会保险体系发展滞后,影响社会系统的循环经济建设。

8.3.6 森工型城市

森工产业的特殊性决定了森工型产业的生产总值并不像其他矿石资源产业在城市经济发展中有同等重要的比重。因此，这种类型城市的循环经济发展方向更加不可预测。

8.3.6.1 ESER 系统循环经济发展评价结果

通过对森工型城市 1999 ~ 2014 年循环经济的评价研究，得出森工型城市 ERES 子系统的循环经济发展情况，如表 8 – 15 和图 8 – 13 所示。

表 8 – 15　　　森工型城市 ERES 系统循环经济发展评价

年份	F 经济	F 资源	F 环境	F 社会
1999	– 1.9315	– 7.0934	– 7.3474	– 8.3324
2000	– 2.4770	– 7.8821	– 2.4354	– 7.8120
2001	– 1.7520	– 5.3870	– 7.6529	– 5.2834
2002	– 1.9333	– 4.8409	– 1.8896	– 4.9839
2003	– 1.4863	– 5.5206	– 1.7543	– 4.0186
2004	– 0.9442	– 1.2367	– 0.6400	– 2.4883
2005	– 0.7329	– 0.9938	– 0.7509	0.6050
2006	– 0.7406	– 0.6922	– 0.8247	0.1040
2007	– 0.5074	1.6518	0.7742	0.3172
2008	3.1047	2.5531	1.1629	1.2777
2009	0.5524	6.7912	2.6298	9.5877
2010	1.7043	2.4047	3.2655	3.3596
2011	1.7195	3.0880	3.3780	4.6437
2012	2.0630	3.6691	3.7257	4.5199
2013	1.7809	9.1226	4.0146	4.0705
2014	1.7467	5.1180	4.0615	4.1323

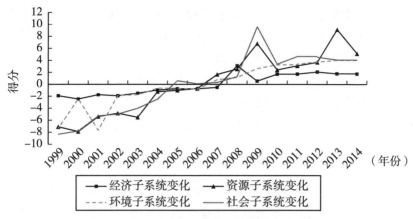

图 8 - 13 森工型城市 ERES 系统循环经济发展趋势

　　森工型城市经济系统的循环经济发展总体呈平稳上升趋势，但是在 2009 年突然出现一个上升波峰。通过对经济系统相关指标进行分析发现，在该年森工产业增加值占工业增加值比重达到历年最高，从而带动该年的经济系统综合得分。之后由于研发占比和实际利用外资占比的持续下降，导致 2014 年经济系统的循环经济略微下滑。这种现象反映了森工型城市经济发展依靠资源的情况严重，其他工业科技能力仍然弱，政府的研发投入和利用外资仍然是森工型城市经济系统循环经济增长的重要支撑。

　　森工型城市的资源子系统循环经济发展形势良好，能源消耗下降为资源系统的正向发展奠定了良好的基础。但是工业用水重复率和城市污水处理率近年来连续下降。这可能是因为污水处理的速率无法满足工业生产规模的扩大和城市的快速发展，从而造成处理率的不断下降。

　　森工型城市的环境子系统循环经济也呈良性发展的趋势。环保投入占财政支出比重等正向指标也在逐年升高，说明政府对于城市环境保护的关注程度在逐年加强。值得注意的是，单位 GDP 废气排放量在 2013 年、2014 年连续两年持续上升，这就要求环保系统在今后的建设仍然要以加大污染物节能减排技术研发为主，同时完善污染防控监管与处罚机制，保障森工型城市环境子系统循环经济顺利运行。

森工型城市的社会子系统在 1999 ~ 2014 年上升趋势明显，在 2005 年实现了循环经济正向增长，这主要得益于生活质量类指标的提高。而社会保险覆盖率在全部研究时段内几乎没有任何改变，仅维持在每年 13% 的覆盖水平，在全部六类资源型城市中属于社会保险覆盖率最低的一类，这种社会保险低覆盖率的状况若是长时间维持，不利于森工型城市这类第三产业份额较高城市的社会系统稳定发展。

8.3.6.2 循环经济综合发展评价结果

图 8-14 显示了森工型城市 1999 ~ 2014 年的循环经济综合变化趋势。在 1999 ~ 2014 年间森工型城市循环经济综合发展水平稳步上升，大体可分为 1999 ~ 2009 年的持续上升阶段和 2010 ~ 2014 年的波动阶段。两个阶段的趋势表明在"十五"末期至"十一五"后期，森工型城市循环经济综合水平快速发展，进入"十二五"时期，森工型城市循环经济发展速率有所放缓，呈现波动下降的趋势。

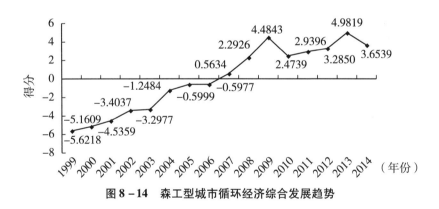

图 8-14 森工型城市循环经济综合发展趋势

综观森工型城市 ERES 子系统的发展和综合发展情况，森工型城市的循环经济发展存在以下几方面问题：（1）森工型城市经济发展相对较弱，经济系统仍然依赖森工产业的发展；（2）城市工业和生活用水回收再利用体系建设滞后，不能满足城市发展需求；（3）单位 GDP 的污染物排放量近年来持续升高，表明工业发展的清洁生产和节能减排技术提升空间巨大，同时表现出污染物排放监管机制不健全；（4）社会保险覆盖率持续偏低，发展任务艰巨。

8.4　循环经济发展对策与建议

根据上节对于目前资源型城市的循环经济评价结果，结合本书第5章所探讨的循环经济发展机制，与第6章所涉及的相应的循环经济发展模式，本节为不同类型资源型城市未来的循环经济发展转型之路提出相应的对策与建议。

8.4.1　煤炭型城市

8.4.1.1　加大科研财政支出，设立专项产业科研基金，提高煤炭产业经济效益的同时，扶持替代产业，尽快实现城市"脱煤"发展

煤炭型城市目前的经济发展仍然依靠煤炭经济，而目前煤炭产业的经济附加值低，导致煤炭型城市经济发展缓慢。因此，煤炭型城市的经济发展首先需要加大科研财政支出，鼓励科研机构的发展，通过生产技术的进步延长煤炭产业链条，加强煤炭化工产业的发展；其次，丰富替代产业，通过税收减免、财政扶持的等方式扶持一批新兴产业的发展，带动城市经济发展，尽快实现煤炭型城市经济与煤炭消耗"脱钩"发展。

8.4.1.2　建立健全资源回收利用机制，提高工业固废和工业废水的使用率

通过零次产业与四次产业的融合，提升产业生产过程中的资源回收再利用效率，尤其加强城市工业固废和工业废水的使用工艺的研发。此外，健全资源再利用监管机制，通过法律法规的控制和相关职能部门的监管，加强企业资源再利用的效率。

8.4.1.3 整合资源优势，加大环保财政支出，提升环境保护管理水平

推广政府与环境保护产业合作的环境保护模式。整合社会资源，在减少政府成本与运营管理压力、提高环保企业与被治理企业的经济效益的基础上，提升煤炭型城市的环境保护效率。

8.4.1.4 丰富社会保险品种

政府应该出台相关法律法规加强社会保险与商业保险的融合，通过拓宽保险种类，丰富保险缴纳形式等多种方式，提高不同职业、不同收入状况、不同年龄城市居民的社会保险保障水平，从而提高城市整体的社会保险覆盖率。

8.4.2 油气型城市

8.4.2.1 加强油气产业和四次产业融合机制的建设，扶持替代产业的发展

油气型城市经济发展过度依赖油气产业，为避免城市循环经济转型对于城市社会经济发展的影响，油气型城市有必要首先将第四产业与油气产业相结合，延伸油气产业链条，提高油气产业经济产出，增加油气型城市经济效益。在此基础上，重塑第三产业业态，加大金融、旅游、会展、物流等经济附加值高的第三产业发展力度，同时，通过政策和经济扶持引入其他产业，增加油气型城市的产业多元化发展，加速油气型城市经济发展去油气资源化，促进经济系统的循环经济发展。

8.4.2.2 加强四次产业与零次产业融合机制的建设，强化城市资源的集约利用和环境的有效保护

通过完善科研院所与油气产业或其他产业的学、研、产融合机制

建设，尽快将资源再生技术和环境保护修复技术由研发过程投入实际生产，降低废旧资源回收再利用的处理和使用成本，减少对于原生资源的浪费，以及废弃物的排放，对于加速油气型城市资源与环境子系统的循环经济转型意义重大。

8.4.2.3 建立保障机制，扩大就业渠道

失业人员不断增加成为阻碍油气型城市社会发展的最主要因素。因此油气型城市社会系统循环经济发展的主要任务是增加城市就业机会，保障失业人员生活发展。政府需要鼓励失业人员创业，或是通过与其他油气型城市或是油气企业的合作，对于有技术的一批职工进行技术外送，增加下岗油气产业职工的再就业机会，从提供就业岗位、失业工人培训和失业保险兜底三个环节统一进行。同时，设计灵活多样的社会保险种类扩大失业保险的覆盖规模，从而搭建完整的油气型城市就业保障机制。

8.4.3 钢铁型城市

8.4.3.1 延伸钢铁纵向产业链条，依托钢铁精深加工产业引导新型替代产业的发展

钢铁型城市目前的经济发展表现出明显的动力不足特征，是由于钢铁产业经济效益和替代产业经济效益双双发展低下所造成。针对当前的发展情况，钢铁型城市的经济系统需要从以下三点进行调整：一是务必加强四次产业和钢铁产业的扶持力度，通过钢铁产业的精深加工转型，促进钢铁产业的供给侧转移，提升钢铁产业的经济效益；二是通过产业集群发展，延伸钢铁产业链条，引入下游的制造业和其他钢铁加工产业，以及配套服务业，提高钢铁产业的经济价值，带动城市经济发展；三是对于替代产业进行调整，扶持朝阳产业、高新产业，严格控制经济价值低、环境污染大、资源消耗高的替代产业的发展。

8.4.3.2 加大废旧钢铁以及共、伴生矿回收使用力度

钢铁型城市的废旧资源综合利用业产值不断下降说明城市的资源回收体系不够健全。只有通过加大资源再生产业的发展，建立健全社会经济活动中对于废旧资源的回收、运输、分解、加工体系，同时配套资源"3R"使用监管机制，才能保证资源系统的循环经济快速发展。

8.4.3.3 加大四次产业与环境保护产业的融合，提升环保产业的科技化水平；加大环境保护产业与其他产业的融合，提升城市整体环保效率

钢铁型城市的环保投资历年在不断加大，但是环境系统的循环经济发展并未得到明显改善，一是说明投资力度仍然有限，二是说明污染物处理技术水平，不能满足生产生活的环境治理需要。对于这种情况，首先需要通过四次产业与环保产业的融合，提升环境保护治理技术，提高治理效率；其次建立健全环境保护治理机制，加强对于生产企业的污染物控制监管，通过促进企业生产工艺的改造，或是生产企业与环保企业的互利共生发展，实现城市污染物排放的下降，改善钢铁型城市的生态环境。

8.4.3.4 建立健全就业保障机制

钢铁型城市的社会保险覆盖率在近 5 年持续下降，这可能是由于过去的钢铁型城市多为企业办社会，企业员工即是社会公众，因此员工的社保覆盖率较高，随着城市产业转型造成的员工失业人数增多。同时其他产业的发展导致外来人口的增多，加剧了社会保险覆盖率的下降。因此，增加就业岗位，完善下岗失业人员再就业培训机制，以及设计灵活多样的社会保险种类成为健全钢铁型城市就业保障机制的主要途径。

8.4.4 金属型城市

8.4.4.1 加快四次产业与金属产业的融合发展，带动金属型城市经济效益

金属型城市的金属产业在近年来发展稳定，但经济效益有限。由于生产技术的限制抑制了产业经济效益的提高，造成目前金属型城市投入产出比低，不利于经济的可持续发展。因此，今后的金属型城市应该通过大力扶持四次产业，实现四次产业与金属产业的融合发展，对企业进行工艺升级，转向高新金属制造产业提高产品附加值。此外，借助金属资源优势，吸引下游产业的发展，扩大城市经济规模，促进城市经济发展。

8.4.4.2 加速零次产业与社会经济活动的融合，加强企业节能减排转型，提高工业"三废"的再利用，降低工业废水的排放

金属型城市近年来的废旧资源回收利用比例在不断提高，但是工业"三废"的使用率却在持续下降，这种现象导致金属型城市在社会经济发展过程中既浪费了工业"三废"中的废旧资源，又对环境系统造成了破坏。因此政府应该通过扶持零次产业的发展，加速零次产业与其他产业发展的融合，同时建立健全资源回收和污染物排放管理机制，从而促进企业的清洁生产转型。

8.4.5 非金属型城市

8.4.5.1 加强非金属产业和四次产业融合机制的建设，促进下游产业发展

非金属型城市科研投入的增加会对经济系统循环经济发展产生积

极作用，因此政府需要加大对于科研院所、高校等科研单位的扶持，加快科研成果的产业化发展，加速实验室产品投入市场速度，提高非金属产业的经济效益。此外，通过政策和经济扶持引入非金属型产业的制造加工业等非金属下游产业，增加非金属产业的多元化发展，促进经济系统的循环经济发展。

8.4.5.2 加强资源再生产业和四次产业融合机制的建设，提高工业"三废"使用效率

非金属型城市资源系统的循环经济波动剧烈，主要是由于资源再利用的水平较低造成。因此，政府需要在今后加强对于资源再生产业和四次产业的融合机制建设。首先，通过两者的融合提高废旧资源使用工艺，通过经济调控或行政调控手段降低废旧资源的使用成本；其次，完善废旧资源税收体系，提高废旧资源回收效率；最后，建立废旧资源使用监管机制，通过法律法规的制定，利用强制手段全面提升社会经济活动对于废旧资源的再利用化程度。

8.4.5.3 丰富环境保护融资渠道，吸引民间资本进入环保系统，提高非金属型城市环保效率

非金属型城市的环境系统 2012~2014 年的循环经济发展呈现连续下降的趋势，考虑到目前非金属型城市的环境保护与环保投资关系密切的特点，政府可以考虑在环保领域试点 PPP、BOT 模式，融入社会资本，减少经济发展对于环保投资的影响。通过政府与民间资本和民间企业共同对城市环境进行保护，既能提高污染物处理技术，又能提升非金属型城市环境系统的管理效率。

8.4.5.4 加强与商业保险的合作，扩大保险种类，提高保险覆盖率

非金属型城市的社会保险覆盖率连续六年持续下降，政府需要加大社会保险与商业保险的合作，通过建立多保险种类、多融资方式、多支付方式的社会保险形式，从而提高社保覆盖率。

8.4.6 森工型城市

8.4.6.1 借助森林资源优势，丰富产业业态，搭建森林产业网络，促进经济与社会协同发展

目前森工型城市经济发展仍然依赖森工产业，而森工产业的经济效益相对较低，造成城市经济发展在近五年几乎没有改善的现状。森工型城市未来循环经济的发展要搭建以森林资源为核心的网状产业结构，通过丰富产业业态，纵向发展经济附加值高的林产化工业，以及家具制造延伸的会展、创意等新兴文化产业；横向利用森林资源优势，大力发展林下种养殖和生态旅游业，以及其下游延伸的农副产品精深加工等经济附加值高的现代农业。通过构建森林资源产业的立体网络，实现经济系统的循环发展。

森工型城市经济业态的丰富，在促进城市经济发展的同时，可以增加更多就业机会，带动城市居民就业，提高城市居民生活福利，从而直接改善社会系统发展停滞不前的现状。

8.4.6.2 依靠城市规模相对较小的优势，将资源再生产业融入市政建设，实现城市的资源"3R"利用

随着城市的发展，森工型城市的水资源回收体系明显不能满足城市经济生活的需要，加剧了水资源的浪费。森工型城市在今后的发展中应该加强水资源回收体系的建设，通过资源再生产业与城市基础设施建设相结合，建立健全完整的城市废旧资源回收机制。同时整合废旧资源，通过将种养殖的废弃物、生活废弃物与城市供暖、供热企业结合，建立生物质和垃圾发电，实现资源集约利用的基础上减少污染物的排放。

8.4.6.3 鼓励零次产业和工业生产的融合，扶持企业关于废气节能减排技术的转型

森工型城市的环境系统总体呈现好转趋势，但是节能减排技术的

研发和污染物排放的监管机制仍然不够到位，造成近年来单位 GDP 的废气排放量持续上升，因此政府需要扶持环保产业的发展，同时完善排污交易权许可证制度，通过扶持和监管相结合的方式促进企业的节能减排和清洁生产转型。

通过对上述研究的统计和总结，可以得到 1999～2014 年间不同类型的资源型城市循环经济发展的实际情况以及未来的循环经济发展对策，如表 8 - 16 所示。

表 8 - 16　　资源型城市 ERES 系统循环经济发展评价
结果与对策统计（1999～2014 年）

城市类型	循环经济发展现状	循环经济发展对策
煤炭型	循环经济综合发展稳步上升，表现为 1999～2002 年不断提升；2003～2004 年小幅下降；2005～2011 年持续上升；2012～2014 年发展放缓。 ● 煤炭产业经济附加值低，经济发展缺乏动力； ● 废旧资源回收与再利用体系建设滞后； ● 环境发展与城市经济增长联系紧密，城市经济增减直接影响政府对于环境保护的支出； ● 社会保险覆盖率建设任务艰巨	● 加大科研财政支出，设立专项产业科研基金，提高煤炭产业经济效益的同时扶持替代产业，尽快实现城市"脱煤"发展； ● 建立健全资源回收利用机制，提高工业固废和工业废水的使用率； ● 加大环境保护财政支出，提升环境保护管理水平； ● 丰富社会保险品种
油气型	循环经济综合发展稳步上升，表现为 1999～2007 年的平稳波动和 2008～2014 年的快速上升。 ● 经济发展过度依赖油气资源，第三产业发展缓慢，第二产业的其他工业产值过低； ● 工业"三废"使用效率持续下降； ● 环保投资比例不断下降，环保产业扶持和环保技术研发任务艰巨； ● 失业人群再就业压力较大	● 加强油气产业和四次产业融合机制的建设，扶持替代产业的发展； ● 加强四次产业与零次产业融合机制的建设，强化城市资源的集约利用和环境的有效保护； ● 建立保障机制，扩大就业渠道

续表

城市类型	循环经济发展现状	循环经济发展对策
钢铁型	前期发展较快，后期动力明显不足，整体表现为 1999～2008 年的上升期和 2009～2014 年的停滞期。 • 经济发展潜力不足，替代产业还不能为城市带来经济效益，钢铁产业转型任务艰巨； • 废旧资源回收体系仍然不健全，废旧资源浪费严重； • 环境保护技术与污染物处理技术无法满足城市发展需求，环保监管和处罚机制不够健全； • 社会保障覆盖率随着城市人口的增加逐渐下降	• 延伸钢铁纵向产业链条，依托钢铁精深加工产业引导新兴替代产业的发展； • 提升废旧钢铁以及共、伴生矿的使用效率； • 加大四次产业与环境保护产业的融合，提升环保产业的科技化水平；加大环境保护产业与其他产业的融合，提升城市整体环保效率； • 建立健全就业保障机制
金属型	循环经济发展势头良好，但是动力显示不足。大体可以分为四个阶段：1999～2003 年的停滞期；2004～2009 年的发展期；2010～2012 年的升级期；2013～2014 年的停滞期。 • 金属产业发展稳定但经济效益有限，生产技术的限制抑制了产业经济效益的提高； • 工业"三废"使用工艺技术不够成熟，监管机制不够健全； • 污染物处理技术与污染物排放监管机制发展滞后	• 加快四次产业与金属产业的融合发展，带动金属型城市经济效益； • 加强企业节能减排转型，提高工业"三废"的再利用，降低工业废水的排放
非金属型	循环经济综合基础较好，但是发展较慢，具体表现为 1999～2011 年的缓慢上升期；2011～2013 年的快速发展期；2013～2014 年的小幅下降期。 • 非金属产业科研投入力度不足，制约非金属产业经济效益，替代产业发展缓慢； • 工业"三废"使用率仍然较低； • 环保投入不稳定，不能满足城市社会经济活动的需求； • 社会保险体系发展滞后，影响社会系统的循环经济建设	• 加强非金属产业和四次产业融合机制的建设，促进下游产业发展； • 加强资源再生产业和四次产业融合机制的建设，提高工业"三废"使用率； • 开展多种模式试点工作，丰富环境保护融资渠道，提高环境系统保护效率； • 加强与商业保险的合作，扩大保险种类，提高保险覆盖率

城市类型	循环经济发展现状	循环经济发展对策
森工型	循环经济综合发展水平总体稳步上升,近年来波动剧烈,大体可分为1999~2009年的持续上升期和2010~2014年的波动期,值得注意的是,2014年下降明显。 • 经济发展相对较弱,经济发展依赖森工产业; • 城市废水回收再利用体系建设滞后,不能满足城市发展需求; • 清洁生产和节能减排技术提升空间巨大,污染物排放监管机制不健全; • 社会保险覆盖率持续偏低,发展任务艰巨	• 借助森林资源优势,丰富产业业态,促进经济与社会协同发展; • 将资源再生产业融入市政建设; • 发展零次产业,提高废水使用效率,降低废气排放量

8.5 本章小结

本章在第 7 章构建的资源型城市指标体系基础上,分别对不同类型的资源型城市进行实证评价研究。

首先,本书确定了指标评价的主要方法——主成分分析和 AHP 层次分析相结合的方法,对六类资源型城市的循环经济发展状况进行评价。其次,以煤炭型城市为例,利用主成分分析对 ERES 各系统的循环经济进行评价,利用 AHP 对城市循环经济进行综合评价。最后,依据第 7 章为不同类型资源型城市设计的评价指标体系,对煤炭型城市、油气型城市、钢铁型城市、金属型城市、非金属型城市和森工型城市的循环经济发展状况进行评价。总体来说,所有资源型城市的循环经济在 1999~2014 年均呈现好转趋势,但是在 2011~2014 年,各类资源型城市均出现了循环经济发展停滞甚至微弱下降的现象,本书根据评价结果,结合前文的资源型城市循环经济发展机制与模式的研究,为各类资源型城市的循环经济发展提出了相应的对策建议。

第 9 章

结论与展望

　　本书以资源型城市的循环经济发展作为研究对象，在梳理国内外相关研究成果的基础上，综合运用可持续发展理论、清洁生产理论、生态工业园理论、产业生态学理论，采用理论与实证相结合的方法，对资源型城市转型的发展机制、发展模式和发展评价三部分内容进行了深入的研究和分析，扩展了资源型城市的转型和循环经济两个学科体系的理论与实践研究。

9.1　结　　论

　　本书得出的主要结论如下：

　　（1）资源型城市是由经济、资源、环境、社会四个子系统共同构成的复杂人工巨系统，简称资源型城市 ERES 系统；目前，资源型城市 ERES 系统面临着沉淀成本大、资本缺乏、体制束缚、生态环境破坏严重、城市化建设滞后和社会负担沉重六种转型制约因素；最后基于资源型城市转型现状和制约因素，为其提出 ERES 系统协同转型的目标，主要包括经济市场化、产业生态化、去自然资源化、环境友好化、城市紧凑化等，并且在多目标转型的基础上，为资源型城市明确了循环经济的转型方向。

　　（2）利用系统动力学的方法，以典型的资源型城市鄂尔多斯市为例，建立鄂尔多斯市的 ERES 发展系统的 SD 模型，利用鄂尔多斯市 ERES 系统中不同子系统之间的相互关系，对鄂尔多斯市 ERES 系统内部的不同变量及其之间的关系进行定量分析，模拟鄂尔多斯市在传统型、农业型、工业型、第三产业型、环保型、循环经济型六种转型方向下的城市 ERES 发展趋势，通过结果分析认为循环经济是最有可能帮助鄂尔多斯市实现可持续发展的转型方向。从而以鄂尔多斯市为例，明确循环经济是资源型城市转型的合理方向之一。

（3）资源型城市循环经济的驱动主体与调控主体均为政府、企业和社会公众，运行载体为循环产业网络和循环社区网络。资源型城市的驱动模型是以"环境高山"和"爬坡"理论为基准面构建的"爬坡受力模型"，分别受到来自经济利益、技术、政策、社会需求、文化创新形成的动力，以及来自发展自重与生态环境承载力合力形成的阻力和惯性阻滞形成的阻力，动力与阻力的合力构成了资源型城市驱动模型；当动力大于阻力时，满足资源型城市的循环经济运行条件，从而形成资源在不同系统之间闭合流动的运行机理；反馈机制是为满足驱动机制、运行机制和调控机制之间及时进行信息传递而形成的机制；通过反馈机制在循环经济不同经济主体之间的作用，调控主体通过信息反馈及时对城市循环经济运行状况进行调控，从而形成资源型城市的循环经济调控机制。

（4）根据资源型城市循环经济的发展机理，设计由"三个模块"和"四个系统"共同组成的资源型城市循环经济发展一般模式。其中，"三个模块"包括政府、循环产业网络和循环社区网络，"四个系统"包括经济系统、资源系统、环境系统和社会系统，通过不同模块的有机调控，形成各个系统的协同发展。基于循环经济发展一般模式，结合产业生态学原理和企业清洁生产原理，根据资源产业的发展特点，为六类资源型城市设计与其相适应的资源循环产业网络。通过资源循环产业网络模块与其他模块、经济子系统与其他子系统的耦合作用，最终形成六套"三个模块""四个系统""一套资源循环产业网络"相融合的资源型城市循环经济发展模式。

（5）本书为不同类型的资源型城市设计出相应的循环经济发展评价指标体系。指标体系包括目标层、控制层、分类层和指标层，其中控制层由经济可持续性、资源集约利用、生态环境和谐以及社会福利提高四部分组成。指标层由共性指标和特性指标共同构成，共性指标指具有普适性的指标，适用于各类资源型城市的循环经济评价，特性指标是指根据资源型城市的资源特点制定的不同类型的循环经济评价指标，最终通过共性指标和特性指标的结合，为各类资源型城市设计出循环经济评价指标体系。

（6）基于不同类型资源型城市的循环经济评价指标体系，本书利用主成分分析和 AHP 层次分析相结合的方法对六类资源型城市的循环经济发展状况进行评价。发现六类资源型城市的循环经济在 1999～2014 年整体呈现好转趋势，但是在 2011～2014 年中出现了停滞甚至下降的现象。根据本书评价结果，结合前文对于资源型城市循环经济发展机制与模式的研究，为各类资源型城市的循环经济发展提出了相应的对策建议。

煤炭型城市：①加大科研财政支出，设立专项产业科研基金，提高煤炭产业经济效益的同时，扶持替代产业，尽快实现城市"脱煤"发展；②建立健全资源回收利用机制，提高工业固废和工业废水的使用率；③整合资源优势，提升环境保护管理水平；④丰富社会保险品种。

油气型城市：①加强油气产业和四次产业融合，扶持替代产业的发展；②加强四次产业与零次产业融合，加强城市资源的集约利用和环境的有效保护；③建立保障机制，扩大就业渠道。

钢铁型城市：①延伸钢铁纵向产业链条，依托钢铁精深加工业引导新型替代产业的发展；②加大废旧钢铁以及共、伴生矿回收使用力度；③加大四次产业与环境保护产业，提升环保产业的科技化水平；加大环境保护产业与其他产业的融合，提升城市整体环保效率；④建立健全就业保障机制。

金属型城市：①加快四次产业与金属产业的融合发展，带动金属型城市经济效益；②加强企业节能减排转型，提高工业"三废"的再利用，降低工业废水的排放。

非金属型城市：①加强非金属产业和四次产业融合，促进下游产业发展；②加强资源再生产业和四次产业融合，提高工业"三废"使用效率；③丰富环境保护融资渠道，吸引民间资本进入环保系统，提高非金属型城市环保效率；④加强与商业保险的合作，扩大保险种类，提高保险覆盖率。

森工型城市：①借助森林资源优势，丰富产业业态，搭建森林产业网络，促进经济与社会协同发展；②依靠城市规模相对较小的优势，将资源再生产业融入市政建设，实现城市的资源"3R"利用；③鼓励零次产业和工业生产的融合，扶持企业废气节能减排技术的转型。

9.2 未来展望

资源型城市的循环经济发展不仅关系到资源型城市的可持续转型，也会对中国经济增长方式的转变产生重要影响，具有重要的理论与现实意义。本书对于资源型城市循环经济的研究时段正值中国经济进入新常态的背景之下，国内外环境错综复杂，政策变化调整不断。另外，由于资源型城市种类繁多、数量庞大，循环经济又涉及多学科交叉运用，综合因素造成本书的体系复杂、难度较大。本人深感此次研究在资源型城市循环经济发展机理的剖析程度不够深，发展模式的设计较为单一，指标数据的获取不够精细。此外，由于自身掌握的专业理论与研究方法仍然有限，造成本书在今后仍然有较大的研究空间。主要包括：

（1）区域协同合作将成为未来资源型城市循环经济发展的主要内容。本书对资源型城市循环经济发展的研究仍然主要停留在城市内的产业网络搭建、生态工业园区建设、产业链条延伸等本区域的微观或中观领域之内。从远期规划来看，如果长期延续这种发展方式，有可能会造成未来不同城市的产业同质化现象。因此，区域协同合作相关研究将成为未来资源型城市，尤其是起到辐射带动作用的中心资源型城市的循环经济研究的重要方向，通过各个区域的产业协同实现资源整合，从而在实现资源型城市顺利转型的同时，实现区域的可持续发展。

（2）丰富不同规模与形态的资源型城市的循环经济发展模式设计，树立试点城市，并对其展开长期跟踪的实践研究。资源型城市的循环经济发展模式设计是一项长期、动态、复杂的系统工程。本书设计的模式只能作为一种普遍模式为不同类型资源型城市提供循环经济发展思路。在今后的实际发展过程中，国家和政府需要扩展资源型城市循环经济转型试点城市，通过充分观察不同发展阶段、不同发展规模条件下，各类城市循环经济发展过程中产业网络、政策制度等模块所作出的转型，从而对各类资源型城市的循环经济发展模式进行跟踪评估，更为精准地找到循环经济发展影响因素，为各类资源型城市循环经济发展模式的设计提供科学指导。

（3）循环经济评价指标设计与实践仍需精细化研究。评价指标设计的核心在于指标的选取，而目前中国大多数资源型城市由于建制时间短、地理区位差、经济发展相对滞后等原因，造成循环经济发展程度有限，从而直接导致城市对于循环经济的相关指标统计时间短、覆盖面窄、时效性弱等现状，这无疑加剧了获取循环经济相关指标原始数据的难度。此外，考虑到资源型城市的实际情况，本书由于部分重要指标的统计缺失造成指标体系的设计仍然存在不健全之处，例如有关秸秆利用率、厨余垃圾资源化率、城市建筑垃圾资源化率等指标仍然是今后需要重点关注的领域。最后，由于笔者能力与精力有限，本书仅从纵向角度考虑到了资源型城市不同研究时段的变化，而并未对资源型城市发展规模、发展阶段进行详细划分，这也成为今后对资源型城市进行循环经济发展评价的又一角度。

参 考 文 献

[1] 山西省七大煤炭集团上半年全部亏损 负债总额1.19万亿，http：//finance.sina.com.cn/chanjing/2016 － 09 － 02/doc － ifx-vqcts9247557.shtml。

[2] 北京市统计局：《北京统计年鉴（2015年）》，中国统计出版社2016年版。

[3] 北京现代循环经济研究院：《产业循环经济》，冶金工业出版社2007年版。

[4] 卞丽丽：《循环型煤炭矿区发展机制及能值评估》，中国矿业大学博士学位论文，2011。

[5] 亳州市统计局：《亳州统计年鉴》（2000~2015年），时代出版传媒股份有限公司安徽出版社2001~2016年版。

[6] 曹斐、刘学敏：《政府主导资源型城市转型模式探析》，载于《中国流通经济》2011年第2期。

[7] 曹利江、金声琅：《基于生命周期评价的清洁生产模式研究》，载于《环境保护与循环经济》2010年第8期。

[8] 曾万平：《资源型城市转型的政策研究》，财政部财政科学研究所，2013年。

[9] 陈桂月、李海涛、梁涛：《山西省工业废弃物排放与经济增长之间的关系分析》，载于《资源科学》2013年第6期。

[10] 陈涛：《中部六省经济发展状况分析——基于SPSS主成分分析方法》，载于《湖南工业职业技术学院学报》2008年第4期。

[11] 陈忠祥：《资源衰退型城市产业结构调整及空间结构优化研究——以宁夏石嘴山市为例》，载于《经济地理》2006年第1期。

［12］滁州市统计局：《滁州统计年鉴》（2000～2015 年），时代出版传媒股份有限公司黄山书社 2001～2016 年版。

［13］大庆市统计局：《大庆统计年鉴》（2000～2015 年），黑龙江朝鲜民族出版社 2001～2016 年版。

［14］董曙光：《东北兴也人口，衰也人口》，载于《新经济》2015 年第 9 期。

［15］窦睿音、刘学敏：《中国典型资源型地区能源消耗与经济增长动态关系研究》，载于《中国人口·资源与环境》2016 年第 12 期。

［16］段学慧：《经济利益驱动机制：循环经济发展的根本动力——基于马克思主义利益观的分析》，载于《天津财经大学学报》2012 年第 9 期。

［17］鄂尔多斯市统计局：《鄂尔多斯统计年鉴》2000～2015 年，中国统计出版社 2001～2016 年版。

［18］樊涛：《转型期资源型城市空间结构重构研究》，西北大学硕士学位论文，2011 年。

［19］冯之浚、刘燕华、周长益等：《我国循环经济生态工业园发展模式研究》，载于《中国软科学》2008 年第 4 期。

［20］付桂军、齐义军：《煤炭资源型区域可持续发展水平比较研究——基于模糊综合评价法的分析》，载于《干旱区资源与环境》2013 年第 4 期。

［21］高迎春、佟连军、马延吉等：《清洁生产和末端治理环境绩效对比分析》，载于《地理研究》2011 年第 3 期。

［22］顾德道、乔雯：《我国智慧城市评价指标体系的构建研究》，载于《未来与发展》2012 年第 10 期。

［23］国家计委宏观经济研究院课题组：《我国资源型城市的界定和分类》，载于《理论研究》2002 年第 11 期。

［24］国家统计局：《中国统计年鉴》2007～2015 年，中国统计出版社 2007～2015 年版。

［25］国家统计局能源司：《中国能源统计年鉴（2014 年）》，中国统计出版社 2015 年版。

[26] 国家统计局"循环经济评价指标体系"课题组:《"循环经济评价指标体系"研究》,载于《统计研究》2006年第9期。

[27] 郭丕斌:《新型城市化与工业化道路——生态城市建设与产业转型》,经济管理出版社2006年版。

[28] 杭州市统计局:《杭州统计年鉴》2007~2015年,方志出版社2007~2015年版。

[29] 胡魁:《中国矿业城市基本问题》,载于《资源产业》2001年第5期。

[30] 胡伟敏:《非金属产业循环经济发展模式及对策研究》,昆明理工大学硕士学位论文,2010年。

[31] 胡钰、李虹:《资源型城市"重生"任重道远》,载于《华夏时报》2015年6月10日。

[32] 焦作市统计局:《焦作统计年鉴》2000~2015年,中国古籍出版社2001~2016年版。

[33] 解振华:《关于循环经济理论与政策的几点思考》,载于《环境保护》2004年第1期。

[34] 金建国、李玉辉:《资源型城市转型中的政府管理创新》,载于《经济社会体制比较》2005年第5期。

[35] 金涌、阿伦斯:《资源·能源·环境·社会——循环经济科学工程原理》,化学工业出版社2009年版。

[36] 金涌:《循环经济需要解决三个平台建设问题》,载于《中国科学院院刊》2006年第6期。

[37] 鞠美庭、盛连喜:《产业生态学》,高等教育出版社2008年版。

[38] 李春花、罗正霞、黄芸玛:《基于能值理论的资源型城市生态经济系统质量评价》,载于《青海师范大学学报(自然科学版)》2009年第1期。

[39] 李春民、李克荣、王云海:《基于BP神经网络方法的矿业城市可持续发展综合评价模型》,载于《中国矿业》2006年第9期。

[40] 李金海、刘辉、赵峻岭:《评价方法论研究综述》,载于

《河北工业大学学报》2004 年第 2 期。

［41］李俊莉、曹明明：《基于能值分析的资源型城市循环经济发展水平评价——以榆林市为例》，载于《干旱区地理》2013 年第 3 期。

［42］李欣：《南阳油田资源型城市绿地系统规划初探》，载于《南阳理工学院学报》2012 年第 5 期。

［43］李友俊、刘鸿霄、邵强：《基于灰色综合评价的资源型城市主导产业选择研究》，载于《价值工程》2012 年第 11 期。

［44］临汾市统计局：《临汾统计年鉴》2000 ~ 2015 年，中国统计出版社 2001 ~ 2016 年版。

［45］林小艳：《黑龙江省非金属矿产开发战略研究》，中国地质大学博士学位论文，2013 年。

［46］刘旌：《循环经济发展研究》，天津大学博士学位论文，2012 年。

［47］刘琳琳、杨力、张瑞兴：《煤炭企业循环经济评价指标体系构建及评价方法》，载于《经济与管理研究》2013 年第 9 期。

［48］刘萌、张长元：《简论用分配机制驱动循环经济的实现》，载于《社会科学》2002 年第 8 期。

［49］刘庆山：《开发利用再生资源缓解自然资源短缺》，载于《再生资源研究》1994 年第 10 期。

［50］刘通：《都市圈视角下的资源型城市协调发展评价研究》，中国地质大学硕士学位论文，2011 年。

［51］刘薇：《关于循环经济发展模式的理论研究综述》，载于《中国国土资源经济》2009 年第 5 期。

［52］刘学敏、王玉海、李强等：《资源开发地区转型与可持续发展——鹰手营子矿区、灵宝、靖边转型案例》，社会科学文献出版社 2011 年版。

［53］刘学敏：《国外典型区域开发模式的经验与借鉴》，经济科学出版社 2010 年版。

［54］刘学敏：《论循环经济》，中国社会科学出版社 2008 年版。

［55］刘学敏：《关于资源型城市转型的几个问题》，载于《宏观

经济研究》2009 年第 10 期。

[56] 刘学敏：《应强化资源开发地区企业的社会责任》，载于《中国社会科学报》2010 年 12 月 2 日。

[57] 刘学敏：《资源枯竭类城市转型的不确定性》，载于《城市问题》2011 年第 11 期。

[58] 刘学敏：《走出资源枯竭城市转型的认识误区》，载于《中国改革报》2010 年 10 月 25 日。

[59] 刘云刚：《中国资源型城市的发展机制及其调控对策研究》，东北师范大学博士学位论文，2002 年。

[60] 陆学、陈兴鹏：《循环经济理论研究综述》，载于《中国人口·资源与环境》2014 年第 5 期。

[61] 陆钟武、毛建素：《穿越"环境高山"经济增长过程中环境负荷的上升与下降》，载于《中国工程科学》2003 年第 12 期。

[62] 洛阳市统计局：《洛阳统计年鉴》2000～2015 年，中国统计出版社 2001～2016 年版。

[63] 吕颖：《日本循环经济的运行机制及对我国的启示》，载于《科技和产业》2009 年第 2 期。

[64] 马鞍山市统计局：《马鞍山统计年鉴》2000～2015 年，安徽师范大学出版社 2001～2016 年版。

[65] 马世骏、王如松：《社会—经济—自然复合生态系统》，载于《生态学报》1984 年第 1 期。

[66] 苗军强：《资源型城市低碳生态转型的建设路径研究——以东营市为例》，天津大学博士学位论文，2013 年。

[67] 苗长兴：《化解产能过剩的途径和措施》，载于《新金融评论》2015 年第 1 期。

[68] 闵毅梅：《德国的〈循环经济法〉》，载于《环境导报》1997 年第 3 期。

[69] 牡丹江市统计局：《牡丹江统计年鉴》2000～2015 年，中国统计出版社 2001～2016 年版。

[70] 南充市统计局：《南充统计年鉴》2000～2015 年，中国文

史出版社 2001～2016 年版。

［71］南剑飞、宋长清、王霞：《油气资源型城市循环经济评价体系生成的可拓方法研究》，载于《上海管理科学》2012 年第 3 期。

［72］牛文元：《中国可持续发展战略报告（年度报告）》，科学出版社 1999～2004 年版。

［73］牛文元：《循环经济：实现可持续发展的理想经济模式》，载于《中国科学院院刊》2004 年第 16 期。

［74］牛文元：《中国可持续发展的理论与实践》，载于《中国科学院院刊》2012 年第 3 期。

［75］朴文华、陈郁、张树深等：《基于 LCA 方法的水泥企业清洁生产审核》，载于《环境科学学报》2012 年第 7 期。

［76］齐建国、尤完、杨涛：《现代循环经济理论与运行机制》，新华出版社 2006 年版。

［77］齐建珍：《资源型城市转型学》，人民出版社 2004 年版。

［78］任勇、吴玉萍：《中国循环经济内涵及有关理论问题探讨》，载于《中国人口·资源与环境》2005 年第 4 期。

［79］三门峡市统计局：《三门峡统计年鉴》2000～2015 年，中国统计出版社 2001～2016 年版。

［80］山东理工大学广义循环经济研究课题组：《广义循环经济论》，人民出版社 2007 年版。

［81］沈坚：《近代法国工业化新论》，中国社会科学出版社 1999 年版。

［82］宋冬林：《东北老工业基地资源型城市发展接续产业问题研究》，经济科学出版社 2009 年版。

［83］宋喜斌：《基于系统动力学的煤炭资源枯竭型城市经济转型研究——以内蒙古乌海市为例》，中国地质大学学位论文，2014 年。

［84］宋言奇、马桂萍：《社区的本质：有场所到场域——有感于梅尔霍夫的〈社区设计〉》，载于《城市问题》2007 年第 12 期。

［85］宋飏、王士君、王雪微：《矿业城市空间结构演进过程与机理研究》，载于《城市发展研究》2012 年第 2 期。

［86］宋戈、曹国平：《资源城市土地集约利用评价研究：理论·方法·应用》，科学出版社 2012 年版。

［87］苏德辰、王维：《中国非金属矿工业主要问题与对策分析》，载于《中国矿业》2003 年第 10 期。

［88］苏伦·埃尔克曼著，徐兴元译：《工业生态学》，经济日报出版社 1999 年版。

［89］苏杨、周宏春：《关于当前我国促进循环经济发展的若干问题的讨论》，载于《经济研究参考》2005 年第 10 期。

［90］孙敬水：《计量经济学》，清华大学出版社 2014 年版。

［91］孙麟：《中国有色金属产业整合研究》，武汉理工大学，2012 年。

［92］孙龙涛：《资源枯竭型城市循环经济发展评价及实证研究》，北京化工大学硕士学位论文，2012 年。

［93］泰安市统计局：《泰安统计年鉴》2007～2015 年，方志出版社 2008～2016 年版。

［94］谭跃进、陈英武、易进先：《系统工程原理》，国防科技大学出版社 1999 年版。

［95］唐山市统计局：《唐山市统计年鉴》2000～2015 年，新华出版社 2001～2016 年版。

［96］陶长江、李响：《资源型城市旅游转型评价指标体系构建及实证研究——以攀枝花市为例》，载于《成都大学学报（社会科学版）》2014 年第 6 期。

［97］田金平、刘巍、李星等：《中国生态工业园区发展模式研究》，载于《中国人口·资源与环境》2012 年第 7 期。

［98］铜陵市统计局：《铜陵统计年鉴》2000～2015 年，时代出版传媒股份有限公司黄山书社 2001～2016 年版。

［99］汪利平、于秀玲：《清洁生产和末端治理的发展》，载于《中国人口·资源与环境》2010 年第 3 期。

［100］王海燕：《论世界银行衡量可持续发展的最新指标体系》，载于《中国人口·资源与环境》1996 年第 1 期。

［101］王红：《从杜邦公司看美国循环经济》，载于《中国化工报》2004年4月10日。

［102］王剑：《资源型城市鄂尔多斯产业转型研究》，中央民族大学博士学位论文，2013年。

［103］王乐：《区域循环经济的发展模式研究》，大连理工大学博士学位论文，2011年。

［104］王莉、李杰：《基于DEA的资源型城市转型效率评价研究——以山西省为例》，载于《资源与产业》2014年第6期。

［105］王林珠：《煤炭企业循环经济发展力评价研究》，中国地质大学博士学位论文，2013年。

［106］王茂祯、冯之浚：《循环经济创新评价指标体系研究》，载于《中国人口·资源与环境》2012年第4期。

［107］王鹏、况福民、邓育武等：《基于出成分分析的衡阳市土地利用的生态安全评价》，载于《经济地理》2015年第1期。

［108］王其藩：《高级系统动力学》，清华大学出版社1994年版。

［109］王如松、周涛、陈亮等：《产业生态学基础》，新华出版社2006年版。

［110］王如松：《循环经济建设的产业生态学方法》，载于《产业与环境》2003年增刊。

［111］王思雪、郑磊：《国内外智慧城市评价指标体系比较》，载于《电子政务》2013年第1期。

［112］王婉晶、赵荣钦、揣小伟等：《绿色南京城市建设评价指标体系研究》，载于《地域研究与开发》2012年第2期。

［113］王学军、侯睿、王玲：《基于TOPSIS法的资源型城市低碳转型评价体系研究——以焦作市为例》，载于《生态经济》2015年第15期。

［114］王云：《中国文化资本估算及其对经济增长的贡献》，华南理工大学博士学位论文，2012年。

［115］辛玲：《低碳城市评价指标体系的构建》，载于《统计与决策》2011年第7期。

［116］徐建中、刘淼群：《资源型城市发展循环经济评价指标体系与方法研究》，载于《改革与战略》2008年第8期。

［117］徐君、李巧辉、王育红：《供给侧改革驱动资源型城市转型的机制分析》，载于《中国人口·资源与环境》2016年第10期。

［118］徐君、王育红：《资源型城市转型研究》，中国轻工业出版社2009年版。

［119］徐向国：《黑龙江省资源型城市转型进程与测度体系的研究》，东北林业大学博士学位论文，2006年。

［120］徐州市统计局：《徐州统计年鉴》2000～2015年，江苏人民出版社2001～2016年版。

［121］许宏伟：《加快转移人口市民化破解东北人口危机》，载于《大连日报》2015年2月5日。

［122］薛冰：《区域循环经济发展机制研究》，兰州大学博士学位论文，2009年。

［123］严实、付露斌：《循环经济内涵的再认识分析》，载于《经济研究》2008年第5期。

［124］杨建新、王如松、刘晶如：《产业生态学理论框架与主要方法探析》，载于《复合生态与循环经济——全国首届产业生态与循环经济学术讨论会论文集》2003年。

［125］杨建新、王如松、刘晶茹：《中国产品生命周期影响评价方法研究》，载于《环境科学学报》2001年第2期。

［126］杨振超：《淮南资源型城市可持续发展战略转型研究》，中南大学博士学位论文，2010年。

［127］叶文虎：《三论循环型经济的构建——基于科学发展观视角》，载于《中国发展》2008年第3期。

［128］易丹辉：《数据分析与EVIEWS应用》，中国统计出版社2002年版。

［129］尹牧：《资源型城市经济转型问题研究》，吉林大学博士学位论文，2012年。

［130］余猛：《绿色城市的指标构建与经济效益》，载于《城市

环境设计》2008 年第 3 期。

［131］俞金香：《我国区域循环经济发展问题研究》，兰州大学博士学位论文，2012 年。

［132］榆林市统计局：《榆林统计年鉴》2000～2015 年，陕新华出版传媒集团陕西人民出版社 2001～2016 年版。

［133］袁俊斌：《资源型城市发展循环经济模式研究》，东北大学博士学位论文，2006 年。

［134］张洪敏、段汀龙、耿玉惠：《资源型城市平顶山市循环经济发展研究》，载于《河南科技》2014 年第 9 期。

［135］张坤民、温宗国、杜斌等：《生态城市评估与指标体系》，化学工业出版社 2003 年版。

［136］张米尔：《市场化进程中的资源型城市产业转型》，机械工业出版社 2004 年版。

［137］张石磊：《资源型城市转型过程、机制及城市规划响应——以白山市为例》，东北师范大学，2012 年。

［138］张天柱：《从清洁生产到循环经济》，载于《中国人口·资源与环境》2006 年第 6 期。

［139］张团结、王志宏、丛少平：《基于产业契合度的资源型城市产业转型效果评价模型研究》，载于《资源与产业》2008 年第 4 期。

［140］张伟、朱金艳：《基于循环经济 DEA 模型的黑龙江省资源型城市综合评价》，载于《资源与产业》2012 年第 7 期。

［141］张文忠、余建辉、李佳：《资源枯竭城市转型的驱动因素和机理解析》，载于《中国科学院院刊》2016 年第 1 期。

［142］张文忠、余建辉、王岱等：《中国资源型城市可持续发展研究》，科学出版社 2014 年版。

［143］章波、黄贤金：《循环经济发展指标体系研究及实证评价》，载于《中国人口·资源与环境》2005 年第 3 期。

［144］赵辉、刘学敏：《资源型经济转型路径分析》，载于《城市问题》2013 年第 7 期。

［145］赵黎明、孙健慧、杨波：《资源型城市转型系统仿真——

以招远市为例》，载于《干旱区资源与环境》2015 年第 8 期。

[146] 赵愈：《循环经济模式的生态工业园区建设与评价研究》，重庆大学博士学位论文，2011 年。

[147] 郑治国：《我国单一资源城市产业转轨模式初探》，载于《经济纵横》2002 年第 2 期。

[148] 中国城市科学研究会：《宜居城市科学评价标准》，http://www. chinanews. com/gn/news/2007/05 - 30/947022. shtm。

[149] 中国科学院可持续发展战略研究组：《2009 年中国可持续发展战略报告》，载于科学出版社 2009 年版。

[150] 中国联合钢铁网：《中国钢材综合价格趋势》，http://www. zhb. gov. cn/gkml/hbb/qt/201612/t20161213_368996. htm。

[151] 中国石油：《商用产品板块》，http://www. cnpc. com. cn/cnpc/syc/ sycp_index. shtml。

[152] 中华人民共和国生态环境部：《生态环境部发布 2016 年 1 ~ 11 月和 11 月重点区域和 74 个城市空气质量状况》，http://www. zhb. gov. cn/gkml/hbb/qt/201612/t20161213_368996. htm。

[153] 中华人民共和国生态环境部：《生态县、生态市、生态省建设指标》，http://www. zhb. gov. cn/gkml/zj/wj/200910/t20091022_172492. htm.

[154] 周宏春：《循环经济：用发展的办法解决资源环境矛盾》，载于《中国环境报》2005 年 2 月 22 日。

[155] 周瑜：《资源型城市循环经济创新动力机制研究》，载于《管理现代化》2012 年第 2 期。

[156] 朱敏：《资源型城市主要生态环境问题及对策建议》，http://www. sic. gov. cn/News/459/5129. htm，2015 - 08 - 25。

[157] 朱明峰、洪天求、叶强：《基于神经网络的资源型城市可持续发展指标体系》，载于《中国科学技术大学学报》2005 年第 3 期。

[158] 朱铁臻：《循环经济的理论基础是生态经济》，载于《中国经济时报》2005 年 4 月 19 日。

[159] 诸大建、邱寿丰：《生态效率是循环经济的合适测度》，

载于《中国人口·资源与环境》2006 年第 5 期。

[160] 诸大建、朱远:《生态效率与循环经济》, 载于《中国人口·资源与环境》2005 年第 2 期。

[161] 诸大建:《循环经济 2.0: 从环境治理到绿色增长》, 同济大学出版社 2009 年版。

[162] Allwood, J. M. , Ashby, M. F. and Gutowski, T. G. , et al. , 2011: Material Efficiency: A White Paper. Resource, Conservation and Recycling, Vol. 55, No. 3.

[163] Allwood, J. M. , Ashby, M. F. , Gutowski, T. G. , et al. , 2013: Material Efficiency: Providing Material Services with Less Material Production, Philosophical Transaction of the Royal Society: A Material Physical and Engineering Sciences, Vol. 371, No. 1986.

[164] Andersen, M. S. , 2007: An introductory note on the environmental economics of the circular economy, Sustainability Science Sustain, Vol. 2, No. 1.

[165] Andersen, O. , 2002: Transport of fish from Norway; energy analysis using industrial ecology as the framework, Journal of Cleaner Production, Vol. 10, No. 6.

[166] Auty, M. R. , 1993: Sustaining Development in Mineral Economies: the Resource Curse Thesis. London: Routledge Press.

[167] Bilitewsky, B. , 2012: The circular economy and its risks. Waste Management, Vol. 32, No. 1.

[168] Bradbury, J. H. , 1984: The Impact of Industrial Cycles in The Mining Setter, International Journal of Urban and Regional Research, Vol. 8, No. 3.

[169] Bradbury, J. H. and St – Martin, I. , 1983: Canadian Geographer 1983 Winding down in Qubic own: a case of Schefferville, Vol. 23, No. 2.

[170] Chang, Y. , Gerard, P. J. , and Dijke, et al. , 2015: From an eco-industrial park towards an eco-city: a case study in Suzhou, Chi-

na, Journal of Cleaner Production, Vol. 102.

[171] Chiaroni, D., Chiesa, V., 2015. La rivoluzione possible che va oltre il riciclo (in Italian). http://www. ilsole24ore. com/art/impresa-e-territori/2014 - 11 - 04/la-rivoluzione-possibile-che-va-oltre-riciclo-114618. shtml? uuid? ABm2-fAAC.

[172] Chiu, A. S. F. and Geng, Y., 2004: On the industrial ecology potential in Asian developing countries, Journal of Cleaner Production, Vol. 12.

[173] Connell, L. and Koshland, C. P., 2001: Exergy and industrial ecology. Part 2: A non-dimensional analysis of means to reduce resource depletion. Exergy, Vol. 1, No. 4.

[174] Connelly, L. and Koshland, C. P., 1997: Two aspects of consumption: using an exergy-based measure of degradation to advance the theory and implementation of industrial ecology, Resources, Conservation and Recycling, Vol. 19, No. 3.

[175] Corden, M. and Neary, J. R., 1982: Booming Sector and De-industrialization in a Small Economy, The Economic Journal, Vol. 92, No. 368.

[176] Côté, R., and Hall, J., 1995: Industrial parks as ecosystems, Journal of Cleaner Production, Vol. 3, No. 1 –2.

[177] Cote, R. P., 1998: Designing eco – industrial park: A synthesis of some experience, Journal of Cleaner Production, Vol. 6, No. 3.

[178] Daly, H. E. and Cobb. J. B. J., 1991: For the common good: redirecting the economy towards community, the environment and a sustainable future, The Journal of Religion, Vol. 71, No. 4.

[179] Deog-Seong, Oh., Kyung-Bae, K. and Sook-Young, J., 2005: Eco-Industrial Park Design: a Daedeok Technovalley case study, Habitat International, Vol. 29, No. 2.

[180] Ehrenfeld, J. and Gertler, N., 1997: Industrial ecology in practice. The evolution of interdependence at Kalundborg, Journal of In-

dustrial Ecology, Vol. 1, No. 1.

[181] Engle, R. and Granger, C. W. J. , 1987: Co-integration and error correction: representation, estimation and testing, Econometrica, Vol. 55, No. 2.

[182] Erkman, S. , 1997: Industrial ecology: an historical view, Journal of Cleaner Production, Vol. 5, No. 5.

[183] Feng, S. S. , Jiang, C. and Bo, Y. , 2009: Re-use strategy of subsided land based on urban space ecological compensation: case study for xuzhou mining area for example, Procedia Earth & Planetary Science, Vol. 1, No. 1.

[184] Figge, F. , Young, W. and Barkemeyer, R. , 2014: Sufficiency or efficiency to achieve lower consumption and emissions? The role of rebound effect, Journal of Cleaner Production, No. 69.

[185] Frosch, R. A. , 1992: Industrial ecology: a philosophical introduction, Proceedings of the National Academy of Sciences of the United States of America, Vol. 89, No. 3.

[186] Gavin, H. , 2000: Barriers to implementing cleaner technologies and cleaner production (cp) practices in the mining industry: A case study of the Americas, Mineral Engineering, Vol. 13, No. 7.

[187] Gavin, H. , 2000: Pollution prevention and cleaner production in the mining industry: An analysis of current issues , Journal of Cleaner Production, Vol. 8, No. 2.

[188] Gendron, C. , 2014: Beyond environmental and ecological economics: Proposal for an economic sociology of the environment, Ecological Economics, No. 105.

[189] Geng, Y. , Saris, J. and Ulgiati. S. , et al. , 2013: Measuring China's Circular Economy, Science, Vol. 339, No. 6127.

[190] Ghose, M. K. , 2003: Promoting cleaner production in the indian small-scale mining industry, Journal of Cleaner Production, Vol. 11, No. 2.

[191] Golinska, P., Kosacka, M. and Mierzwiak, R., et al., 2015: Grey decision making as a tool for the classification of the sustainability level of remanufacturing companies, Journal of Cleaner Production, No. 105.

[192] Granger, C. W. J., 1969: Investigating causal relation by econometric and cross-sectional method, Econometrica, Vol. 37, No. 3.

[193] Han, S. and Song, Y. Y., 2010: Developing country experience with eco – industrial parks: A case study of the tianjin economic-technological development area in china [J]. Journal of Cleaner Production, Vol. 18, No. 3.

[194] He, P., Lü, F. and Zhang, H., et al., 2013: Recent developments in the area of waste as a resource, with particular reference to the circular economy as a guiding principle, in waste as a resource.

[195] Home, R., Balmer, O., Jahrl, I. and et al., 2014: Motivations for implementation of ecological compensation areas on Swiss farms, Journal of Rural Studies, Vol. 34, No. 2.

[196] Hornborg, A., 2014: Ecological economics, Marxism, and technological progress: Some explorations of the conceptual foundations of theories of ecologically unequal exchange, Ecological Economics, Vol. 105, No. 105.

[197] IES, 2015: The Institution of Environmental Sciences. The Circular Economy in Japan. https://www.the-ies.org/analysis/circular-economy japan.

[198] Jarrett, H., 1966: Environment Quality in a Growing Economy, Baltimore: The Johns Hopkins University Press.

[199] Jepson, E. J. and Edwards, M. M., 2010: How possible is Sustainable Urban Development An Analysis of Planners' Perceptions about New Urbanism, Smart Growth and the Ecological City, Planning Practice & Research, Vol. 25, No. 4.

[200] Jewell, C., 2015: Action Agenda for a Circular Economy

Released at World Resource Forum. http: //www. circulareconomyaustralia. com/blog/ forum.

[201] Keith Storey. , 2001: Fly-in/Fly-out and Fly-over: Mining and regional development in Western Australia, Australian Geographer, Vol. 32, No. 2.

[202] Kenneth, E. Boulding. , 1966: The Economic of Nature Resource and the Environment, Baltimore: John HopkinsUniversity Press.

[203] Klitgaard, K. A. and Krall, L. , 2012: Ecological economics, degrowth, and institutional change, Ecological Economics, Vol. 84, No. 4.

[204] Kneese, A. V. , Ayres, R. V. andArge, D. , 1970: Economics and the environment: A materials balance approach, Baltimore: John Hopkins University Press.

[205] Küçüksayraç, E. , Keskin, D. and Brezet, H. , 2015: Intermediaries and innovation support in the design for sustainability field: cases from the Netherlands, Turkey and the United Kingdom, Journal of Cleaner Production, No. 101.

[206] Lei, H. , Fang, L. T. , Qian, Z. M. and et, al. , 2012: The Quantitative Analysis of Ecological Compensation Responsibility in Watershed, Energy Procedia, No. 16.

[207] Lowe, E. A. , 1997: Creating by-product resource exchanges for eco-industrial parks, Journal of Cleaner Production, Vol. 4, No. 4.

[208] Lucas, R. A. , 1971: Minetown Milltown Railtown: Life in Canadian Communities of Single Industry, Toronto: University of Toronto Press.

[209] Marsh, B. , 1987: Continuity and Decline in the Anthracite Towns of Pennsylvania, Annals of the Association of American Geographers, Vol. 77, No. 3.

[210] Mehlum, H. , Moene, K. and Torvik, R. , 2006: Institutions and the Resource Curse, The Economic Journal, Vol. 116,

No. 508.

[211] Nordhaus, W. D, 1973: Tobin J. Is. Growth Obsolete?, Columbia: Columbia University Press.

[212] National Bureau of Economic Research, Inc, 1973.

[213] O'Faircheallaigh, C. , 1999: Making Social Impact Assessment Count: A Negotiation-based Approach for Indigenous Peoples, Society & Natural Resources, Vol. 12, No. 1.

[214] Odum, H. T. , 1996: Environmental accounting: Emergy and environmental decision making, New York: John Wiley & Sons Press.

[215] O'Faircheallaigh, C. , 2010: Aboriginal-Mining Company Contractual Agreements in Australia and Canada: Implications for Political Autonomy and Community Development, Canadian Journal of Development Studies, Vol. 30, No. 1 – 2.

[216] O'Faircheallaigh, C. , 2004: Denying Citizens their Rights? Aboriginal People, Mining Payments and Service Provision, Australian Journal of Public Administration, Vol. 63, No. 2.

[217] O'faircheallaigh, C. 1988: Economic Base and Employment Structure in Northern Territory Mining Towns, Resource Comunities: Settlement and Work forces Issues, Australia.

[218] Park, J. J. and Chertow, M. 2014: Establishing and testing the "reuse potential" indicator for managing waste as resources, Jouranl of Environment Management, Vol. 137.

[219] Prendeville, S. , Sanders, C. and Sherry, J. , et al. 2014: Circular Economy: Is it Enough? Available: http: //www. edcw. org/sites/default/files/resources/Circular% 20Ecomomy – % 20Is% 20it% 20enough. pdf (accessed 10. 07. 14.).

[220] Brealey, T. B. , Neil, C. C. and Newton, P. W. 1988: Resource communities: settlement and workforce issues.

[221] Raymond, P. and Cote, E. C. 1998: Designing eco-industrial parks: Asynthesis of some experience, Journal of Cleaner Production,

Vol. 6, No. 3.

[222] Riaz, A., Zahedi, G. and Klemes, J. J., 2013: A review of cleaner production methods for the manufacture of methanol, Journal of Cleaner Production, Vol. 57.

[223] Robert, R. 1997: The Industrial Symbiosis in Kalundborg and The Symbosis Institute, Proceeding of 1st European Conference on Industrial Ecology.

[224] Robertson, S., and Blackwell, B. D. 2014: Mine lifecycle planning and enduring value for remote communities, International Journal of Rural Law & Policy, No. 1.

[225] Sachs, J. D. and Warner, A. M., 2001: Natural resources and economic development: The Curse of Natural Resources, European Economic Review, Vol. 45.

[226] Seager, T. P. and Theis T. L., 2004: A taxonomy of metrics for testing the industrial ecology hypotheses and application to design of freezer insulation, Journal of Cleaner Production, Vol. 12, No. 8 – 10.

[227] Seager, T. P. and Theis, T. L. 2002: A uniform definition and quantitative basis for industrial ecology, Journal of Cleaner Production, Vol. 10, No. 3.

[228] Sevigne-Itoiz, E., Gasol, C. M. and Rieradevall, J., et al., 2014: Environmental consequences of recycling aluminum old scrap in a global market, Resource Conservation Recycle, Vol. 89.

[229] Shou-feng, Z., 2006: Eco – efficiency as the appropriate measurement of circular economy, China Population Resources and Environment, Vol. 16, No. 5.

[230] Spooner, D. 1981: Mining and Regional Development, Oxford: Oxford University Press.

[231] Su, B., Heshmati, A., Geng, Y. and et al. 2013: A Review of the Circular Economy in China: Moving from Rhetoric to Impletation, Journal of Cleaner Production, Vol. 42.

[232] Tibbs, H., 1992: Industrial ecology: An environmental agenda for industry, Whole Earth Review.

[233] UNEP. 2015: United Nations Environment Program. Economic Instruments. http://www. unep. org/regionalseas/marinelitter/other/economics/.

[234] Untied Nation. 2000: Millenium Development Goals. http://www. un. org/zh/.

[235] UTS. 2015: What Will a Circular Economy Look like in Australia. Available. http://www. uts. edu. au/research-and-teaching/our-research/institute-sustainable futures/news/what-will-circular-economy.

[236] Vanner, R., Project, I. R. 2014: Scoping study to identify potential circular economy actions, priority sectors, material flows & value chains, http://westminsterresearch. wmin. ac. uk/16323/1/KH0114775ENN_002. pdf.

[237] Wernick, I. K. and Ausubel, J. H., 1995: National material metrics for industrial ecology, Resources policy. Vol. 21, No. 3.

[238] Word Business Council for Sustainable Development. 1999: Eco-efficiency Indicators and Reporting: Report on the Status of the Project's Work in Progress and Guidelines for Pilot Application. Geneva, Switzerland.

[239] Yu, Y. D., Chen, D. J., Zhu, B. and et al., 2013: Eco-efficiency trends in China, 1978 – 2010: Decoupling environmental pressure from economic growth, Ecological Indicators, Vol. 24.

[240] Zhang, B., Jun, B. and Zi, Y., et, al., 2008: FanEco-efficiency analysis of industrial system in China: A data envelopment analysis approach, Ecological Economics, Vol. 68, No. 1 – 2.

[241] Zhao, H. Z., Ma, A. J., andLiang, X. G. et al., 2012: Problems and Countermeasures Concerning Ecological Compensation due to Coastal Engineering Construction Project, Procedia Environmental Sciences, Vol. 13.